# 传统武术文化继承
# 与武术课程改革创新

刘志兰 著

中国水利水电出版社
www.waterpub.com.cn
·北京·

## 内 容 提 要

本书以传统武术为研究对象,侧重于武术文化传承与课程改革研究,全书在全面阐述武术基本理论知识和解析当前高校武术教学现状的基础上,对武术的多元教育价值进行了深入探讨,指出了传统武术文化内涵与新时代武术文化的使命,重点对高校武术教育文化传承体系及其构建进行了研究,并指出了当前高校利用地域优秀传统武术文化丰富武术课程资源的重要意义和措施,针对武术基本技法、丰富的武术运动项目的教学进行了全面解析,对武术课程教学改革进行了总结与思考。

全书以武术理论研究为基础,以武术教育传承为主线,就传统武术文化的教育传承与科学化教学课程设计与实施进行了全面系统与深入研究。

本书对高校武术教育教学的科学化开展与实施具有重要的理论与实践指导价值,在武术文化教育传承方面亦具有较高的学术价值。

## 图书在版编目(CIP)数据

传统武术文化继承与武术课程改革创新 / 刘志兰著
. —北京:中国水利水电出版社,2020.2(2024.1重印)
ISBN 978-7-5170-8410-5

Ⅰ.①传… Ⅱ.①刘… Ⅲ.①武术－传统文化－课程改革－研究－高等学校 Ⅳ.①G852.02

中国版本图书馆 CIP 数据核字(2020)第 027433 号

| 书　　名 | 传统武术文化继承与武术课程改革创新 CHUANTONG WUSHU WENHUA JICHENG YU WUSHU KECHENG GAIGE CHUANGXIN |
| --- | --- |
| 作　　者 | 刘志兰　著 |
| 出版发行 | 中国水利水电出版社 (北京市海淀区玉渊潭南路 1 号 D 座 100038) 网址:www.waterpub.com.cn E-mail:sales@waterpub.com.cn 电话:(010)68367658(营销中心) |
| 经　　售 | 北京科水图书销售中心(零售) 电话:(010)88383994、63202643、68545874 全国各地新华书店和相关出版物销售网点 |
| 排　　版 | 北京亚吉飞数码科技有限公司 |
| 印　　刷 | 三河市华晨印务有限公司 |
| 规　　格 | 170mm×240mm　16 开本　16.5 印张　214 千字 |
| 版　　次 | 2020 年 6 月第 1 版　2024 年 1 月第 2 次印刷 |
| 印　　数 | 0001—2000 册 |
| 定　　价 | 82.00 元 |

# 前　言

传统武术文化是我国优秀民族文化的瑰宝,在我国长期的社会历史发展过程中发挥了重要的社会文化发展、社会文明推动作用,还极大地丰富了不同历史时期的人民群众的精神文化生活。传统武术文化是令中华民族引以为豪的传统文化。

武术文化具有重要的教育价值,表现在体育、健心、德育、美育等多个方面,在其长期的发展进程中促进了中华儿女的体格强健,促进了独特的民族文化心理、民族性格和民族品质的形成。

在新时代,根生于我国传统文化土壤之中的传统武术文化仍然具有重要的文化教育价值;在新时代,传统武术文化的文化传承对提高国民体质、构建和谐社会、弘扬民族文化等仍然具有重要的现实意义。《传统武术文化继承与武术课程改革创新》一书的撰写,旨在为进一步探讨新时代武术文化的教育传承价值与意义、更好地发挥武术文化的教育价值提供理论和实践指导与启发。

全书共六章。围绕我国传统武术文化继承与课程进行了系统分析,各章节从不同层面进行了深入细致研究,第一章为武术概述,全面阐述了武术的基本理论文化知识,包括武术的概念与分类、武术的起源与发展,并就当前我国高校武术教学现状进行了探讨分析;第二章为武术的多元教育价值论,从体育、健心、德育、美育四个方面分别就武术的体育价值、健心价值、德育价值、美育价值进行了详细深入探讨,明确了武术运动的多元教育价值,指出了武术教育教学的重要教育意义;第三章为传统武术文化内涵与新时代武术文化的使命,在深入解析我国传统武术文化内涵与文化特点的基础上,分析了我国传统武术文化的现代文化使命与担当,并就新时代武术文化自信的建立、高校武术课程文化教育的重塑进行了探讨分析,指出了新时代我国传统武术文化的新发展目标与方向;第四章为高校武术教育文化传承体系的研究与构建。在新的时代,传统武术进入高校体育教学系统,必须做到与时俱进,才能充分发挥新时代武术的教育功能,因此,高校武术教学必须要建立武术教育新理念,与当前新时代的教育理念相一致,并明确当前武术教学的任务与目标,如此才能真正不断促进高校武术教育教学的发展与完善。本章在探讨武术教学的教育新理念、教学任务、教学目标的基础上,就武术教学的内容与方法、武术课程教学设计进行了研究,并指出了当前我国武术国际化教育发展趋势;第五章为利用地域优秀传统武术文化丰富武术课程资源,在解析地域武术文化概念的基础上,就我国典型地域武术文化的特征进行了分析,并指出了当前高校武术课程对地域优秀传统文化的汲取的重要教育教学意义与努力方向;第六章为推进高校武术课堂教学改革的理论与实践,重点针对我国高校武术基本技法教学、武术项目教学及武术课程教学改革进行了全面阐述与深刻探讨,为我国高校武术教学提供了理论与实践指导。

全书在撰写过程中突出了以下特点。

第一,角度新颖,研究科学严谨。武术文化是中国优秀传统文化,在现当代探索传统武术文化的持续发展具有重要现实意义,教育传承是文化传承的一个重要和有效途径,本书对武术文化的研究正是立足于教育传承的角度,在对武术进行全面阐释的基础上,明确解析了武术多元教育价值,对武术教育传承进行了教育性传承的深入探讨。

第二,亮点突出,逻辑清晰、结构完整。本书的第三章、第四章、第五章为本书的亮点章节,结合新时代高校体育教育的改革与发展,对我国传统武术在现代社会所担任的重要文化使命进行了认真分析,指出了高校武术教学必须要与时俱进、必须坚持在科学的教育新理念指导下开展武术教学,并且,武术教学的内容不能仅局限于主流武术,还要涵盖各地优秀的武术文化内容。武术教学范围不能仅局限于国内,还要走出国门、走向世界,重视国际化武术教学的发展。对武术的探讨从教学理念到教学实践、从武术文化主体到地域武术文化、从国内到国际进行了全方位地探索。

第三,尊重历史与文化,立足当下,时代性强。本书在对武术教育传承与教学课程的研究过程中,同时运用了历史观点和现代思维来审视武术文化,对武术文化发展历程的研究是客观的、严谨的,对现代武术教学的研究是立足于当下教育发展的,充分尊重了武术文化的客观历史发展性,并指出了新时代武术教学的重要改革与发展方向。

第四,具有较强的实践指导性。武术教育传承中,武术技法是一部分重要的传承内容,在武术课程教学中,武术技法教学和各项目的教学是非常重要的教学内容,应该引起足够的重视。本书第六章对武术基本技法和武术丰富多彩的多项目内容的教学进行了全面、系统地解析,对高校武术教学的开展具有重要的实践指导价值。

本书在撰写过程中,参考了一些专家和学者关于武术及其文化的相关著作和研究资料,在此深表谢意。由于知识水平和时间有限,书中难免存在错误或不妥之处,恳请广大读者批评指正。

作　者

2020 年 1 月

# 目　录

# 第一章 武术概述

武术是我国一项传统体育运动项目,也是我国一种传统文化形态。武术在其漫长的历史发展进程中对人们生产、生活和促进社会进步产生了重要影响。在武术内容体系还没有完全形成时,其仅作为一种身体技能和生产技能得到重视并世代相传。然而,随着时代的进步、武术内容体系的不断丰富与完善以及早期学校的形成,武术成为学校体育课程的教学内容之一,并且在之后的不同类型和性质的教育组织和机构中也多有存在,目前也作为各级各类学校体育教学内容而受到广为重视。武术在民间和教育系统中一直传承至今,这使得丰富的武术文化得以保存。这也充分说明了武术顽强的生命力和其在人类社会发展中的重要作用。本章重点就武术的概念与分类、起源与发展进行系统阐释,在此基础上对当前武术教育教学现状进行深入分析,以全面了解武术的发展历程与发展现状。

## 第一节 武术的概念与分类

### 一、武术的概念

#### (一)武术的词义认知

在不同历史时期,对武术一词的内涵解析存在差异。

"武术"一词最早见于南朝《文选》颜延年《皇太子释奠会》诗中:"偃闭武术,阐扬文令。"颜延年诗中"武术"一词意指"停止武战，发扬文治"，和现代所说的武术存在着迥然不同的多种含义。

在我国古代的文学巨典《礼记》《汉书》和《荀子》中都有关于武术内涵的解析，如《礼记》将武术的具体内容概括为"执技论力"。另外两书又称武术为"技击"，汉代又称为"手搏"之技。

宋朝时期，许慎在《说文解字》中解释："武，止戈为武；术，思通造化、随通而行为术。"其中对"武"和"术"的字面含义进行了较为详细的解析，具体来说，"武"是停止打仗的意思；"术"是一种哲学思想，是一种达到通达的境界的方法。许慎关于武术的词义解释，将"武"与"术"分开解析，"武"与"术"是两种完全不同的事物，与现在的武术也有较大区别。

在我国封建社会时期，武术指军事技术，即古代战争技术。也正因如此，"兵器"被称为"武器"，"军事"被称为"武事"，"军备"被称为"武备"。

民国时期，舒新城先生主编《辞海》，对"武""术"的词义进行了解释，指出"武"是一种"干戈军旅之事"；"术"则为"整军经武的技术和方法"的意思。从字义上讲，"武"字被解释为依靠威力服人，或是"讲武论勇"。"武""术"二字合称，具体是指一种力、技、击、法的方法。

此后，关于武术，尤其武术脱离了其生存的战争环境，因此将"武术"看作是一项军事技术的观点发生了转变，结合武术在近现代社会的主要运动价值和作用，一般多认为武术是指强身、自卫的技击技术。

纵观武术的发展历程，武术词义的变化与武术的运动价值展现具有非常密切的关系，应该认识到，无论是在哪个历史时期，武术始终以"技击"为根本属性。许多具有竞技属性的格斗技术聚集在一起，就构成了武术。

（二）武术的概念演变

对武术概念的描述，在各个历史时期有不同的描述，对武术概念的理解，应该将其置于特定的历史时期之中，用历史的眼光去审视武术,如此才能做到对武术概念的真正理解。

武术产生于我国古代,受制于我国传统文化的深刻影响,当然,它也是我国传统文化的重要组成部分。因此,对武术概念的解析就自然离不开"传统"内容的描述,故"传统武术"成为我国历史文化环境中的武术文化的特称(与现代武术相区别)。

一般认为,"传统武术"至少包含以下两重含义。

(1)传统武术的时间概念:传统武术与现代武术形成鲜明对比,在不同的社会文化环境中,武术的概念内容不同。

(2)传统武术的意义概念:传统武术与竞技武术相对,二者的内容、形式等具有明显的区别。传统武术在我国能够将传统的中国文化特点转化为外在形式表现出来,并且它包含了丰富的传统哲学思想,其用武之道是对我国传统伦理观念的直接体现。

在整个封建社会,传统武术都与我国传统文化紧密结合在一起,武术概念界定离不开我国传统文化的范畴。

晚清时期,武术的词义更加丰富化,在1908年7月的一篇名为《神州日报》的文章中写到:"论今日国民宜崇旧有之武术。"这一时期西方科学逐渐被我国接受,与之相关其他关于概念等内容也愈发追求标准化和具体化。使得"武术"和"国技"之间的模糊与重叠获得了一些校正。最终武术的形式被命名为"国术"。"国术"所包含的概念内容与"武术"相比,更为广泛,"国术"囊括的内容较多,它不单单是武术的称谓,甚至还包括一些民族传统体育的形式与内容。"国术"的出现,说明了人们认识并确立了武术不同于其他国家技击之术的范畴,明确了武术的中华民族特色。此外,还必须充分认识到,"武术"改称为"国术",这一名称的重要变化,其根本是对传统武术身上所承载的中华民族传统文化与西方体育文化的对比分析与认知。著名学者马明达先生对当时民国时期普遍使用的"国术"一词做出解释:进入近代以后西方竞技体育项目大量涌入我国,西方思想文化和西方列强从社会经济等多个方面破坏了我国社会经济文化认知,我国正处于民族危机之中,"武术"改称"国术"与当时特殊历史条件下我国积极提倡"强国强种"奋进口号的精神倡导相吻合。

从近代开始,随着我国社会的不断发展,武术文化内涵和运动性质也在不断发生变化,武术的概念也因此在不断地变化。受社会多种因素的影响,尤其是受西方文化影响,我国传统武术内容体系更加丰富,并开始分化为"传统武术"与"现代武术",因此,原有的关于"传统武术"的概念描述不能完全涵盖武术内容,武术的概念界定再次成为学术界不断争论的课题。

鸦片战争以后,西方体育思想传入我国,中国传统武术文化发生了很大的改变,武术的概念内涵与漫长的封建社会中的武术相比,在概念内涵上发生了重要变化。

1932年,《国民体育实施方案》中提出:武术作为国术,原本是中华民族进行身体活动的锻炼方法,是健身锻炼的重要手段,同时,包含了丰富的自卫技能,具有攻防自卫作用。此时的武术的军事作用逐渐消退,与早期的武术有显著差异。

新中国成立以后,党和政府非常重视传统武术文化传承,开展了大规模的对传统武术文化挖掘与整理工作。我国学者经探讨研究后一致认为,对原有武术的称谓"国术"进行细分,并针对武术文化内容使用武术进行概括,武术的具体内容包括拳术、器械、对练、集体演练、散手和推手等。

1957年,"关于武术性质问题的讨论"会议对武术的技击本质进行了充分肯定,同时也肯定了传统武术所一直具备的健身、健心价值,否定了一些学者的"武术即技击""唯技击论"的片面观点。

1961年,我国出版了第一本武术教材——《体育学院本科讲义·武术》,该教材认为,武术是指"以拳术、器械套路和有关的锻炼方法所组成的民族形式体育,是我国民族文化遗产"。武术的技击性质在武术概念中被淡化。

1978年,我国出版了新的武术教材《体育系通用教材·武术》,认为武术是"以踢、打、摔、拿、击、刺等攻防格斗动作为素材,按照攻守进退、动静疾徐、刚柔虚实等矛盾相互变化的规律编成徒手和器械的各种套路"。在武术概念界定和描述中,对武术的运动特点进行了较为全面的概括,并揭示了武术运动的增强体质、培养意志,训练格斗技能等运动价值,新的武术概念界定对武术技击特点认知更加客观。此后的武术教材中对武术的概念界定与描述大体类似,并无太大的改变。

进入 21 世纪后,随着竞技武术发展迅速,对武术概念的研究进一步的完善。2005 年 7 月出版的高等学校教材《武术》,将武术概念描述为"以技击动作为主要内容,以功法、套路和搏斗为运动形式,注重内外兼修的中国传统体育项目"。[①]

2009 年,国家体育总局关于武术的"官方定义"为"武术是以中华文化为理论基础,以技击方法为基本内容,以套路、格斗、功法为主要运动形式的传统体育。"[②]

随着我国对武术发展的重视和在国际上对中国传统武术文化的推广,越来越多的人开始了解到中国武术,为了进一步在国际范围内更好地推广武术运动,我国确立了武术在国际上的通用名称,英文"Wushu"。"Wushu"一词的确立,标志着原始的技击、武艺、国术等从一种复合的、外延广泛的民族体育体系转变成为了一种走向单一化的富有浓厚民族特色和东方文化的体育运动项目。

## 二、武术的分类

武术历史悠久,历经了不同的发展时期,就目前来看,其内容体系不断丰富,种类多样,现结合不同的分类方法将武术分为不同的种类。

(一)根据内容形式分类

1. 功法

功法运动,主要习练武术某一类动作,运动目的在于强身健

---

① 李翠霞. 结构武术[M]. 北京:经济日报出版社,2016.

② 金馨瑜,齐旺. 中国武术的文化形象[J]. 当代体育科技,2018,8(14):188－190.

体,发展体能。① 根据形式与功用,分为以下四类。

(1)内功。内功,又称"内壮功""内养功"或"富力强身功",包括静卧法、静坐法、站桩法和鼎桩法等。

功法作用:通过对人体内在的精、气、神及脏腑、经络、血脉等的修炼,可实现精足、气壮、神明、内脏坚实、经络血脉通畅、内壮外强的效果。

(2)外功。外功,又称"外壮功",与内功相对的一种武术功法练习,主要是针对自身进行的专门用于提高抗击打、摔跤、碰撞等的能力的武术练习,功法内容与形式包括铁砂掌、金刚指、鹰爪功等。

功法作用:强健筋骨、增强体魄。

(3)柔功。柔功是习武者专门进行身体柔韧性练习的重要武术练习方法,武术基本功练习多属于此类。

功法作用:可提高肢体关节活动幅度和肌肉伸展性能。

(4)轻功。轻功,又称"弹跳功",主要是指通过各种专门的练习方法和手段,传统轻功的典型功法代表主要有"沙包功""木人桩功""排打功"等。

随着社会的不断发展,武术轻功练习的辅助器械与方法不断更新,增加了如"石锁功""石莛莲功"等功法练习。

功法作用:增强弹跳能力,使习武者蹦得高、跳得远,提高武术专项技能。

需要注意的是,传统武术中的一些功法缺乏理论依据或纯属捏造虚构,应该慎用,如"金钟罩""铁裆功""刀枪不入""飞檐走壁""隔空打牛"等,是文学和影视艺术加工,是对传统武术轻功的夸张、夸大,并非真正的武术轻功内容。

2. 套路

武术套路以技击动作为素材,按照既定攻防形式编排,分为

---

① 蔡仲林,周之华. 武术[M]. 北京:高等教育出版社,2009.

以下三种类型。

（1）单练。单练即单人演练的武术套路，包括拳术和器械两大类。

1）拳术。拳术是传统武术的重要内容之一，是习武者徒手演练的武术套路，主要拳种有长拳、南拳、太极拳、八卦掌、象形拳、形意拳、翻子拳、地躺拳、戳脚拳等。

武术拳术常见拳种特点如下：

长拳：姿势舒展、动作灵活、快速有力、节奏鲜明，并有蹿蹦跳跃、闪展腾挪、起伏转折等技术特点。

南拳：南方各地拳种的总称。拳势刚烈、步法稳固、多桥法，擅标手，常以发声吐气助发力、助拳势，以阳刚著称，善于以柔化之、后发制人。

象形拳：模拟各种动物形态或人物形象，象形生动，取意体现攻防特点，如螳螂拳、鹰爪拳、猴拳、蛇拳、醉拳等。

形意拳：吸取龙、虎、猴、马、龟、鸡、鹞、燕、蛇、䮷、鹰、熊等十二种动物的动作与形象，拳法动作严密紧凑，沉着发力，朴实明快。

太极拳：以掤、捋、挤、按、采、挒、肘、靠、进、退、顾、盼、定为基本十三势柔和、缓慢、轻灵圆活。

2）器械。器械的套路种类很多，可归纳为以下四类。

短器械：主要有刀、剑、匕首等。

长器械：主要有棍、枪、大刀等。

双器械：主要有双刀、双剑、双钩、双枪、双鞭等。

软器械：主要有三节棍、九节鞭、绳标、流星锤等。

（2）对练。

1）徒手对练。武者以徒手的踢、打、摔、拿等攻防技术组成的拳术对练套路。不同的拳种，对练特点不同。例如，太极拳的对练多体现出粘连、挤靠等动作特点；查拳的对练则多有闪展腾挪、蹿蹦跳跃等动作。

2)器械对练。武者之间以器械的击、刺等攻防技术组成的器械对练套路。传统武术器械对练包括短器械对练、长器械对练、双器械对练、软器械对练以及长与短、单与双、单与软、双与软对练等。

3)徒手与器械对练。对抗双方,一方持器械,另一方空手搏斗,实战性强。传统武术中有专门针对徒手与器械对练的套路练习,如空手夺刃、空手夺刀、空手夺枪等。

(3)集体演练。四人以上的习武者徒手或持器械进行的集体表演。可以编排成图案,也可以用音乐伴奏,队形整齐,动作统一。

### 3. 格斗

武术格斗,是对抗类武术,其中的一部分内容发展成为现代武术的重要内容,常见的格斗运动形式有以下四种。

(1)散打。散打,古称"手搏""白打"等,又称"散手",民间多称其为"打擂台"。散打运动具体是指两个习武者(徒手相搏相较)按照一定的规则,使用踢、打、摔、拿等技术,进行攻、防和反击,以求最终战胜对方的传统武术运动项目。

(2)推手。推手,传统武术的一种重要的格斗形式,和西方格斗形式有着明显的区别,具有浓郁的东方特色,具体是指两个习武者依照一定的规则,在对抗过程中使用掤、捋、挤、按、采、挒、肘、靠等方法,双方沾连粘随,通过肌肉感觉,即习武者的"听劲",来判断对方的动作用劲,然后借劲发力,令对方出界或倒地而取胜。

(3)长兵。长兵,中国传统武术项目之一,具体是指两个习武者手持一种特制的长器械(枪、棍、大刀、戟、戈等长兵器),遵照一定的约定或规则,以棍法和枪法为主要攻防方法进行的对抗。

(4)短兵。短兵,以剑法和刀法为主的攻防对抗。短兵对抗是古代战场上经常出现的搏斗形式,在当代,主要用于武术健身和表演。

以上关于武术内容的分类是对我国传统武术的主要分类法，较为完整地介绍了我国传统武术的所有内容。

（二）根据文化空间分类

根据武术所产生与发展的文化空间进行分类，将武术分为少林武术、武当武术、峨眉武术。

少林武术的产生与发展与佛教密切相关，佛教传入中国初期，只是在中上层社会流传。由于汉代方术盛行，所以，人们只是把佛教看成是神仙方术的一种。到了魏晋，佛教经典被大量翻译过来。南北朝，佛教逐渐中国化。隋唐时代，佛教随着政治、经济的繁荣和发展达到顶峰。此后，佛教精神及其人物融入民间庶民，使其成为东方式的特殊教派。佛教的国情化为中国武术涵容其精神准备了基本条件，其中，最为典型的为少林武术。少林寺是少林武术文化产生与发展的重要文化空间。

武当武术的产生与发展与道教密切相关，道家注重养生，道教主张通过精气神的修炼达到长生不老的思想对中国传统武术产生了影响，使其把击技卫身和养生长寿有机结合在一起，体现了武术的健身养生保健价值。武术发展到现在，武术养生气功内容大多为道教武术的重要内容，武当山的武当文化建筑群是武当武术的重要文化空间。

峨眉武术，是指峨眉地区的武术，相较于少林武术和武当武术，在现在传承和保留下来的武术内容较少，与前两种武术文化相比，峨眉武术更适合女子习练。

（三）根据教学观念分类

武术套路以技击动作为素材，按照既定攻防形式编排，分为单练、对练和集体演练三种类型。具体分析如下。

当前，新时期的学校体育教学中，武术是学校体育教学的重要内容，有学者为了方便教学从教学的角度对武术进行了分类（表1-1），这种分类对于更好地安排武术课程教学内容与武术运动训练具有重要指导意义,武术教学者一般都认同这种武术内容的分类。

表1-1 基于武术教学的武术内容分类①

| 观点 | 分类依据 | 武术内容 |
|---|---|---|
| 武术教学中项群观 | 武术性质 | 攻防技击武术 |
| | | 艺术表现类武术 |
| | | 健身养生类武术 |
| | 武术评定办法 | 评分类武术 |
| | | 制胜类武术 |
| 武术教学中心理观 | 注意稳定性 | 竞赛套路 |
| | | 健身养生套路 |
| 武术教学中生理解剖观 | 有氧供能类 | 徒手对抗(推手) |
| | | 徒手套路的集体演练 |
| | | 等长时间慢节奏竞赛项目 |
| | 有氧—磷酸混合供能类 | 持械对抗 |
| | | 持械套路 |
| | | 徒手对抗(散打)等 |
| 武术教学中保健观 | 功法特点 | 武术健身套路 |
| | | 武术气功 |

(四)其他分类依据

武术历史悠久,内容体系庞大,对武术内容进行解析,还可以从其他分类依据中更加深入地了解武术文化。

除了上述分类依据,武术还有以下几种主要分类方法。

(1)根据地域分类,武术可分为齐鲁武术、三晋武术、燕赵武术。

(2)根据风格特点分类,武术可分为内家、外家。

(3)根据拳理分类,武术可分为太极、形意、八卦等。

(4)根据运动形态分类,武术可分为传统武术、竞技武术。

---

① 刘锦云,宋倩男.武术项目分类对于武术课教学作用的研究[N].山西青年报,2015—09—13(014).

# 第二节　武术的起源与发展

## 一、武术的起源

武术的起源可以追溯到原始社会,在漫长的早期文明史中,武术经过了长期的发展才得以产生。关于武术的起源,有学者从不同角度提出了不同的学说观点,具有代表性的有如下几种。

### (一)武术的劳动起源

武术的劳动起源说认为,武术是在人类生产生活中产生的。

远古时代,生产力极为低下,人们依靠大自然来获取最基本的生存资料,人们的生存生产环境十分恶劣,必须要与大自然进行不同形式的斗争才能生存。人们在长期的生产活动之中,依靠拳打、脚踢、躲闪等徒手动作与野兽搏斗,拿起石头、木棒去降服野兽,通过一些日常与野兽进行抵抗的技能动作(拳打、脚踢、躲闪等)和原始工具(石头、木棒、兽骨等)形成了最初的劈、砍、刺等技能。

从现代攻防作用来看,原始社会古人的这种基于本能的、自发的、原始形态的搏斗技能是低级的,而且并没有脱离生产技能的范畴,但这些最初的搏击技能为武术技能的形成奠定了重要基础。

旧石器时代晚期,我们的祖先利用智慧和经验发明工具,如尖状石器、石球、石手斧、骨角加工的矛。新石器时代则出现了大量的石斧、石铲、石刀和骨制的鱼叉、箭镞、铜钺、铜斧等,生产、狩猎工具的不断创新,使得人类在劈、砍、击、刺等技术上积累了更为丰富的经验。

以创造锋利工具的能动性、使用工具方法的主动性、运用格斗技术的自觉性为标志,在人与大自然进行抗争的技能经验积累的基础之上,传统武术技能得以形成,并不断得到丰富与进一步的发展。

随着人类生产技术、技能的不断进步,人类开始制作和使用各种工具,人类对器具的使用促进了武术原始技术的进一步发展和武术雏形的形成。各种工具的发展和创新使人类的砍、劈、击、刺等技术不断走向成熟,为武术技能的形成和武术这一文化形式的产生奠定了重要技术动作基础。

(二)武术的战争起源

真正的传统武术,萌生于人与人的战争中。人作为社会中的重要构成单位,群居而生,构成社会,人与人之间相处会有矛盾,群体与群体之间也会产生矛盾,在早期奴隶社会,群体(部落)之间矛盾产生的原因主要是对有限的生产资料的争夺,解决问题的主要方式就是战争。

在我国原始社会末期,人类社会曾出现过几次较大规模的战争,《吕氏春秋·荡兵》记载:"未有蚩尤之时,民固剥林木以战矣。争斗之所自来者久矣,不可禁,不可止。"早期的人类战争中没有大型的作战装备,人与人之间的对抗是近距离的,这种近距离的拼杀,为武术技击奠定了动作和技法基础,同时,人与人之间的争斗、搏杀也促进了搏杀格斗的工具的制作与使用,为武术器械内容的形成与发展奠定了基础。具体分析如下。

(1)人与人之间的搏斗,激发人们各种技能的进一步发展,人类使用兵器的技艺及战争所需的格斗技能逐渐从生产技术中分离出来,武术不再是与自然界野兽进行争斗的获取生产资料的专有技能,具备了社会性,进而发展成为一种独立的社会技能。

(2)人与人的搏斗并非只有徒手对抗,更多时候是借助各种工具来进行搏杀,这就使得早期对抗所用兵器的出现,《世本》记载:"蚩尤作'五兵':即戈、殳、戟、酋矛、夷矛。"兵器的丰富,使得使用这些兵器的技术不断丰富和发展,人与人之间的搏杀与争斗形式更加多样化，器械搏杀更增加了人与人之间搏杀的激烈性，也促使人不断地去尝试制作新的工具、学习新的格斗技能，以使自己在与他人的对抗中获得优势，这些器械的制作和器械技法的创造与不断丰富，为之后的器械武术发展奠定了内容基础。

### （三）武术的宗教起源

人与人的战争属于社会发展的重要一部分内容，战争与人的生存息息相关，早期人类的战争的成功与失败直接决定了整个部落的生存与灭亡，因此，对于至关重要的战事，人们给予了很高的重视，并与宗教活动联系在一起，每次大战之前，必然要借助于宗教活动祈祷战事的顺利开展和祈求在战争中获胜，战事结束之后也一定会借助于宗教活动感谢先人和神灵的保佑。故而在我国古代每逢战事活动前后，都会开展一种"武舞"的仪式。

据史料研究，在大禹时期，有三苗部族多次反叛，屡次征伐未能使之降服。之后禹下令停止进攻，让士兵持斧和盾进行操练，请三苗部族的人观看"千戚舞"，三苗部族被"千戚舞"雄浑的力量所慑服，随即便臣服于大禹。"千戚舞"是古代众多"武舞"中的一种，是对狩猎或战争场景的模拟，人们在"武舞"中幻想以这些击刺杀伐的动作来产生一种超自然的力量，战胜对手和敌人。

在我国，很多带有原始风貌的民族风俗中，还能够看到原始武舞的影子，例如，纳西族的祭神的"东巴跳"。在现今我国发现的原始岩画中，也能够看到一些原始武术的图像。这些岩画生动地展现了原始武术的威武形象。"武舞"是一种宗教祭祀活动，表现了古人对战事的精神寄托。

从体育运动的角度来分析"武舞"，则不难发现，"武舞"是一种搏杀技能操练形式，它融知识、技能、身体训练等为一体，将用于实战格杀的经验按一定程式来演练，是搏杀技能的套路形式练习，为武术格斗和套路奠定了技法和动作基础。

从社会文化活动的角度来看，早期依托于"军事技能及其训练的武术内容"，不属于体育活动，它更多的是作为一种军事训练技能存在的,具有较强的军事训练属性,这时的武术还没有展现出身体锻炼的属性和特点,因此,还不属于体育活动,还没有发展成为真正的武术。

(四)武术的教育起源

人具有社会属性,人类群居而生,生产生活技能代代相传,这是人类得以从远古时期一直发展和拥有现代文明的重要基础,早期人类与自然搏击、与兽争斗的各种技能有意识地不断改进并传授给下一代,这种技能的传承促进了武术内容的逐渐丰富,并最终汇集发展形成了一个独立的武术体系。

原始社会生产力较低,人与人之间的战争多是以身体对抗为主要对抗形式,因此,在原始教育中,包含着大量的以身体练习为主的体育内容。如"乐""射""御"都是古人对生产劳动、军事技能的传承和教育内容。

不仅是处于个人生存的考虑,在家族、部落斗争中所形成的各种搏斗技能——劈、砍、刺等,经过实践活动逐渐熟悉掌握,为了确保自身的发展强大,在遭遇抢掠中获胜,他们有意识地传授给下一代。

早期社会生产力低下,生产资料的获得直接影响到当时人的生存和温饱,而人以血肉之躯与大自然、与野兽搏斗,因此,人们所能获得生产资料十分难得,自然也会对如何获得生产资料进行认真的研究,并对成功获得生产资料的经验进行及时的总结与反复地演练强化,而且为了以后更好地持续获得充足的生产生活资料,父母一代就非常注重将这些技能传授给下一代,这种早期的身体技能技法教育为之后的武术技法内容的不断丰富与发展奠定了良好的基础。

上述几种关于武术起源的学说都对武术的活动内容与形式的重要来源进行了详细而系统的分析,使得武术的来源具有了一定的学说依据。

从人类社会发展的角度来说,武术与早期人类的生产、生活、宗教活动、教育活动等都有非常密切的关系,不能单纯地将武术的起源归类于一种人类社会活动,武术的起源是多元化的,在早期人类社会生活的各个层面都能找到武术的雏形。但存在于人类社会生活中的武术雏形还不能称为真正的武术。在各民族和平相处的时代,战争、宗教、狩猎教育中的许多训练方法和技能就成为人们日常体育运动内容,此时的武术活动性质脱离了军事、宗教特征,健身和娱乐属性突显,成为真正意义上的"体育活动的武术内容",才是武术。

## 二、武术的发展

武术活动在早期人类日常生活中开始逐渐显现出健身娱乐性,并随着人类社会生产力的不断发展而逐渐将军事、宗教属性消退掉,这时,武术开始正式产生。武术正式产生于阶级社会。

### (一)古代武术的发展

#### 1. 夏商周时期武术的发展

夏朝建立,标志着我国从原始社会进入奴隶制社会,夏朝是我国阶级社会中的第一个朝代,夏朝统治阶级和奴隶间的战争给技击的发展提供了机遇。夏朝时期各部落之间的战斗主要在车上进行,为了适应这种战斗方式,一些武术也针对战斗的需要进行了修改和完善,组合也更加合理,如戈与矛结合而产生的戟。依托于战争发展起来的各项军事技能,如射箭、角抵、近身搏击等都得到了较快发展。夏朝还出现了专门以武术技能传授为主要内容的"序"和"校"等教育机构,传授各种武技。

殷商时期,农业生产得到了极大的发展,人们获得生产资料更加稳定,不再主要依靠狩猎获得生产资料,田猎在这一时期已经不是人们获得生产生活资料的唯一方法和途径,"田猎"和"武舞"成了武技训练的主要手段,并逐渐发展成为一项具有军事意义的集体活动,通过田猎训练,提高士兵使用各种武器、驭马驾车等的技术水平。由于田猎活动本身就融合了身体、技术以及战术等多方面的训练,制作精良的青铜器(如矛、戈、戟、斧、钺等)在田猎中被人们大量使用,兵器拓展了人的技击术的杀伤力,武术的杀伤力大大提高。

西周时期,统治阶级重视贵族子弟教育,教育内容主要以"六艺"(礼、乐、射、御、书、数)为主,以此来维护奴隶主贵族专政。一些教育内容(乐、射、御)在客观上丰富了武术内容。具体来说,"乐""射""御"对武术的发展有着直接的影响。其中,"御"指的是驾驭战车,"射"指的是射箭,"乐"指的是周朝开国时期的一种舞蹈,这种舞蹈是向四方(东、南、西、北)各做四次击刺动作,为之后武术的套路和技法(如"打四门")奠定了基础。此外,商周时期的"武舞"发展对武术套路形式的形成也有重要的影响,使得武术套路演练更加系统化。

## 2. 春秋战国时期武术的发展

春秋战国时期,社会动荡,我国开始由奴隶制社会走向封建社会。春秋诸侯争霸,战事频繁,战争的存在为武术的进一步发展起到了重要的推动作用。为了满足战事的需要,这一时期,我国的铸造工艺和练兵习武使武术获得了极大的发展,诸侯各国为了在各战事中取得胜利,统治者积极备战"兵务",有诸侯各国在全国招募有"拳勇股肱之力,筋骨秀出众者"(《国语·齐语》),统治者广泛选用拳技、臂力、筋骨强壮出众的人御敌保国,促进了各国武技的发展。

据相关史料记载,春秋时期各诸侯国的统治者会定期开展比武征兵的工作,每逢春秋之际,统治者都会举行全国性的"角试"比赛活动,通过"角试"对武艺高强的人进行选拔,将选拔出来的人才充军,以此来提高军队战斗水平,从而为赢得战争胜利提供保障。《管子·小匡》记载:为使齐国强盛,宰相管仲实行兵制改革,为了寻找军事人才,齐国会每年举办两场武术比赛,优胜者充军,出色者可封武官。

可以说,春秋时期的战事发展直接推动了武术技能的丰富与技法的提高,出于战事需要,统治者重视武备,武术搏斗技术多样化,"个对个"和"两两相当"的武技活动为武术技术的多样性和丰富性奠定了基础。

在统治者的统治思想的引导和鼓励下,民间习武之风盛行,当时不仅盛行击剑,文人佩剑也蔚然成风,武术的格斗技能迅速发展起来。"赵文王喜剑,剑士夹门而客三千余人,日夜相击于前"(《庄子·说剑》)。另据《吴越春秋》中记载:古代越国有位著名的女击剑家,时称"越女"。越女剑技出众,且其技击理论系统成熟。越女认为:"剑术看似浅显,实则精妙,包含开合与阴阳变化,凝动静、快慢、攻防、虚实、内外、逆顺、呼吸等为一体。"可见当时的击剑理论之成熟。在这一时期,武术理论体系初现。

### 3. 秦汉时期武术的发展

秦汉时期,武术内容体系更加丰富,并开始出现早期的内容分化,开始有了拳术、剑术、象形武术等基本的分支。

秦朝时,实现了中国历史上的第一次大一统,为实现统一大业,秦始皇建立了一支"带甲百万,车千乘,骑万匹"的庞大军队(《战国策·秦策》)。秦王朝建立后,大将蒙恬亦曾率三十万大军北御匈奴。1974 年发掘的秦始皇陵兵马俑,仅一号坑就出土了仿秦宿卫军制作的陶质卫士俑和拖战车的陶马 6 000 余件,探明二号坑有武士俑、陶马俑 4 000 件。近万件陶质战俑,细化为步、弩、车、骑 4 个兵种,由此可推测出秦军的武器装备配置之完备和精良。

汉朝时期,统治者以武力治国,高度重视武器装备和军事训练的发展,有统治者还认同武术是固家之本。"兵民合一""劳武结合",整个社会形成了全民尚武的风气和局面。

随着战事的不断发展,刀开始出现并广泛用于战争中的近距离搏杀,与剑相比,刀更方便操持和砍杀,因此,剑在战争中的军事作用逐渐被刀代替,到三国时期,刀已经成为军队中最主要的短兵器。整个秦汉时期,武术发展主要集中在体系丰富和技能理论发展两个方面。就剑的发展来说,剑在军事中的军事技能逐渐退化之后,转而在民间得到了广泛发展,主要用于舞剑娱乐助兴、健身,也有许多文人喜好佩剑,将剑作为武士精神的一种象征。《史记·太史公自序》中写道"非信廉仁勇,不能传并论剑,与道同符",习武练剑,"内可以治身,外可以应变,君子比德矣"。

除了武术技击术和兵器转变,武术理论在汉朝时期得到了空前的发展,一些论述武术的书籍开始出现,如收录了《手搏》6篇、《剑道》38篇的《汉书·艺文志》,论述习武者"非信廉仁勇,不能传并论剑,与道同符"的《史记·太史公自序》等。以上述文献为基础,习武者"武德"开始逐渐形成。

对外交流与传播方面,秦汉时期,我国的刀剑之术、相扑、角抵等不断传播到少数民族地区,并东传至日本。

### 4. 两晋南北朝武术的发展

两晋南北朝时期,政权更迭快、多国并存,呈现出民族大融合的局面。这一时期,动荡的社会大环境使得武艺在军中和民间都得到了进一步的发展。这一时期我国武术的发展突出表现在以下两方面。

首先,武术的文化内涵不断得以丰富,并开始与宗教思想结合起来,武术与文化的交融中开始与佛、道的思想和法术结合。

其次,娱乐性的武术在民间得到了广泛的发展,如角抵戏、刀楯表演、刀剑表演、武打戏等,武术体系内容更加丰富多彩。

### 5. 隋唐时期武术的发展

隋文帝时期和之后的五代十国时期,社会环境都是比较好的,良好的社会环境为武术文化的发展奠定了良好的环境和条件基础,武术文化在民间得以广泛传播与发展,武术文化的健身娱乐属性也得到了进一步的发展。

唐朝时期,出现了我国第一盛世,整个唐朝时期,统治者治国有道,社会环境良好,经济、文化等各方面繁荣发展,武术在这一时期也得到了广泛的发展,具体分析如下。

(1)剑术在民间盛行。由于以刀为主的短兵器在军事中发挥了重要作用,剑逐渐被刀取代,其战争地位日渐衰弱并最终退出战争,随着剑的搏击作用减弱,其自卫、健身、娱乐、表演等功能得到进一步开发,民间习剑之风盛行,随着剑术在民间的广泛发展,剑术日益多样化并且复杂化。

(2)唐朝始建武举制,武举制的设立不仅对武术的发展具有重要意义,在我国整个封建社会也是一个社会制度的创新。武则天长安二年(702年),唐(周)朝建立武举制,鼓励民间习武,以为朝廷选拔优秀的战事人才,这有利于武术精炼化以及规范化的发展,也有利于民间武术的发展。武举制面向社会各阶层开放,激发了人们的习武热情。重武的举措促成了唐代的尚武任侠之风,甚至文人墨客也崇尚武侠,如李白的诗句"安得倚天剑,跨海斩长鲸"。

整个隋唐时期,统治者都非常重视对外文化交流,中外文化交流往来频繁,传统武术文化得以丰富,并对周围的国家产生了重要影响。在武术的对外传播项目中,除了剑术在民间的大发展,唐朝的徒手格斗技艺发展起来,影响力也日益增加,剑术和武术格斗术东传日本,为后来日本武术的发展奠定了基础。

### 6. 两宋武术的发展

两宋时期(960—1279年)的武术发展是承上启下的,相较于之前,武术在各个方面都有了更进一步的发展,表现如下。

(1)兵器丰富化。两宋时期有稳定时期,也有民族矛盾尖锐时期,在民族争端问题凸显的历史阶段,少数民族之间、少数民族与汉族之间的战争频发,战事的出现推动了各民族的军事武备发展,各统治者对武备的重视,客观上为武术的发展提供了政治支持,战争促进了兵器的改革和进步,同时丰富了武术器械的类型、形制(如弓、弩、刀、枪、铜、棒、鞭、斧等),这些武术器械的出现提高了习武者的技艺水平,为武术的进一步发展创造了有利的条件。

(2)习武组织种类数量繁多。人民长期受到统治者的压迫,通过武艺组织与结社的建立来对统治者进行反抗。如"弓箭社""忠义巡社""锦标社""英略社"等武艺结社组织都在这一时期出现,民间武艺结社规模和影响都非常大。

(3)民间武艺丰富多彩。宋朝时期,表演武艺更加兴盛。诸军春教时"禁中教场,呈试武艺,飞刀斫柳,走马舞刀,百艺俱呈"。这些按规定程式、规定动作进行的武艺表演,促进了武术表演的发展。

### 7. 元明清时期武术的发展

元朝在强化朝廷习武练兵的同时,严禁民间习武,并制有禁律,在很大程度上阻碍了民间武术的发展。但是,这一时期,兴盛的文艺戏曲中的武打戏使武术艺术水平逐渐提高,为舞台武术发展奠定了基础。

明朝时期,禁止民间习武,进一步制约了民间武术的发展。明朝后期,火器开始出现,武术的军事地位逐渐降低。

清朝时期,武术与军事逐渐分离开来,武术的健身、娱乐功能得到进一步挖掘,武术发展主要集中在民间。

整个元明清时期,武术发展不受统治者重视,主要在民间悄然流传与不断发展,表现出如下发展特点。

(1)民间武术与艺术相结合获得了一定的发展。如元曲中的武打戏为武术在舞台上的表演,使得武术表演和元曲艺术都发展到一个新的高度。

(2)武术套路日益丰富。明清之前长期存在着"武舞"或"打套子",武术套路的正式出现自明朝开始。这一时期,记载武术套路的书籍增多,如程宗猷的《单刀法选》所绘制的刀、棍等套路演练步法线路图,是我国可考究的最早的武术套路图谱。

（3）武术流派形成并呈现出百花齐放的状态。在前期武术运动不断发展的基础上，我国武术内容越来越丰富，各种武术拳种的内容与形式更加丰富，并逐渐形成了自己的特色与风格，在此基础上更形成自我较为完善的理论体系，我国武术拳种、流派大都发端于清朝，各种武术流派形成并快速发展。

（4）内家拳开始出现。它直接用中国哲学理论阐释拳理，全面深刻地反映了中国文化的哲学内涵，是反映中国哲学文化的重要拳术。

（5）武术内功在武术与气功导引术的结合下开始出现。武术内功的形成与发展为武术进入到一个新的层面奠定了基础。这也使得我国传统武术具有了"内外兼修"的功能，这也是中国武术与国外其他类型的武术的重要区别之一。

（6）武德内容更加丰富，武德要求更加严格，而且具体到技术层面。明清时期，经后代整理所出现的各拳种的拳谱上，都开门见山记载了对武德要求，有的要求甚至细化到了某个动作要秉持哪种道德标准。武德逐渐成为我国武术的重要思想内容，武德不仅对我国习武者有重要影响，对我国社会大众伦理道德也有重要的影响作用。

整个封建社会，我国传统武术内容体系逐渐形成，包括动作内容、功法内容、技法内容、运动形式、理论体系以及武术的对外文化交流等，都获得了较为完善的发展，武术体系基本发展成熟。

（二）近代武术的发展

相较于古代武术在中国传统文化土壤上的生长，近代西方文化的传入打破了我国传统武术的原有文化生存空间，我国传统武术迎来了变革。

近代武术的发展与当时的社会环境、国家境遇有着密切的联系，武术在发展过程中表现出鲜明的时代特点。具体从以下几个方面进行分析。

### 1. 武术组织的发展

我国传统武术一直在民间保持着较高的活跃度和生命力,武术组织的数量和类型随着武术文化的发展逐渐增多,并在近代达到一个高峰。

近代我国的国门是被西方列强利用武力打开的。当时,我国的社会环境复杂,内忧外患。为了实现强民救国,我国社会各阶层迫切需求寻找救国之道,体育强国成为一个重要途径;同时,西方文化的强行植入,对我国几千年的传统文化产生了重要冲击,寻找文化自信和文化自尊成为这一时期有识之士关注的重要社会课题。

在救国救民、实现中华民族伟大复兴的过程中,武术作为我国传统文化和体育文化的代表被放在了一个特殊的社会地位,武术兴国的历史背景下,武术被赋予了特殊的历史责任。

为了发愤图强、弘扬中华武术、寻求救国之道,辛亥革命后,人们开始注重武术,并且开始通过一系列的措施来促进武术的进一步发展,在我国沿海和一些大城市(如北京、天津、上海等)纷纷成立武术组织。

1910 年,霍元甲的精武体育会在上海成立,精武体育会成为当时影响最大、传播最广、维持时间最长的武术组织。

1927 年,我国建立"中央国术馆",1928 年,国民党政府推行武术国考,地方国术馆数量剧增,武术打破了地域、家族的限制,大规模的武术交流与学练成为可能。

### 2. 武术教育的发展

武术在我国古代就受到了重视,在近代特殊的历史背景下,武术的教育功能被重新重视,并纳入近代各式学校,武术的教育功能得到进一步挖掘。

和古代的武术教育相比,我国近代武术教育规模更大、内容更多,并在全社会进行普及与推广,学校面向普通百姓招生,有些学校还提供饮食和住宿,学校武术教学面向所有学生,全国各地学校均开展了武术教学,武术在全社会范围内得到了广泛的发展。

受西方办学理念、办学形式的影响,我国积极学习西式学校先进的教学课程设置与教学组织,将武术教学纳入近代学校体育教学中,并推出了武术教材,1911 年,一批武术名家合作编辑了《中华新武术》一书,该书于 1917 年被定为军警教材,于 1918 年被定为全国正式体操。武术教学逐渐系统化与规范化。

随着武术在近代学校体育教学中的持续开展,"新武术"的概念逐渐被提出,并获得了快速发展,与传统武术相比,新武术的内容和形式更加适合在学校体育课堂中开展,彻底打破了传统武术的师徒传承,武术教学内容以增强学生体质、发展学生体能为重要基础,武术的体育属性更加凸显。

1915 年,"全国教育联合会"在天津召开,会议通过决议:"各学校应添授中国旧有武技。"教育部于 1918 年组织召开了全国中学校长会议,会议决定在全国中学开设武术课程。武术成为一种尚武强国的教育手段。

受历史局限性的影响,尽管这一时期我国的学校武术教学还存在许多的问题,但是不得不承认,武术在新式的学校体育教育教学方面进行了有益的尝试,为之后我国的学校武术教育教学奠定了良好的理论基础与实践发展经验。

此外,武术教育功能的强化,为我国传统武术在近代的持续发展提供了一个可行性、可推广的发展途径。

### 3. 武术观念的发展

武术观念的发展在不同的时期表现出不同的特点。随着传统武术的不断发展以及人们对传统武术认识的深入和学校武术的开展,新、旧思潮的交锋和"土洋体育"之争逐步深化,人们开始从体育观的角度来认识、理解和解释武术。

在我国近代史上,武术纳入学校教育是武术发展的创举,为了促进武术在学校不断发展,我国学者对武术的研究日益深入,同时,随着西方教学思潮和体育思想的进一步影响,我国新、旧思潮交锋,"土洋体育"之争,使得更多的人开始从体育观的角度认识、理解和解释武术,这对探讨武术的发展意义与发展途径是有益的。

武术在近代的发展,使得更多的学者和有识之士开始从多个角度去了解和理解武术,武术的理论研究日益深入,为武术在之后的可持续发展提供了理论支持。

### 4. 武术竞赛的发展

近代,西方文化向我国渗透,西方竞技体育文化与思想对我国不以攻击、取胜为目的的传统武术产生了重要影响。

随着武术技法和武术理论的不断发展以及武术的不断普及,民间习武的人数进一步增多,加之这一时期西方竞技体育的初步渗透,武术竞赛的举办受到了欢迎。这一时期主要的、影响较大的武术竞赛主要有以下几个。

1923年4月,中华全国武术大会在上海举办。

1928年,中央国术馆组织举办"国术国考"。

1933年,第二次"国术国考"举办,中华民国第5届全运会将武术列为正式比赛项目。

1935年,中华民国第6届全运会,武术项目再次被列为正式比赛项目。

虽然这一时期武术竞赛体制、规则、组织等都缺乏科学性,但是,客观来讲,近代武术竞赛的举办也推动了武术的发展。

### (三)现代武术的发展

新中国成立以后,我国武术得到了空前的发展,武术发展进入了一个新的历史时期,这里重点结合主要的历史事件,以时间为线索,从以下几方面进行分析。

### 1. 武术理论的发展

1952年,国家体委设立民族形式体育研究会,武术是重要研究内容。

1957年，全国武术表演评比大会举办，在此次大会的影响下，武术项目在各大运动会中出现并列为正式比赛项目。

1963年，武术暨射箭锦标赛在上海举行。一些日常少见的武术拳、械项目的出现引起了广泛的社会反响。

1979年，是武术传承发展的重要年份，国家体委在全国范围内掀起挖掘、整理武术的工作，全国武术热潮兴起。

1982年，全国武术工作会议召开，会上要求加强对武术的理论研究，此后武术理论研究进入一个快速发展阶段。

1985年，研究发掘拳理明晰、风格独特、自成体系的拳种多达129个，并出版了《中国武术拳械录》一书。

1986年，中国武术研究院成立，体现了政府对武术研究的高度重视。

1987年，中国体育科学学会武术学会（后更名为武术分会）成立，武术研究更加系统化。

20世纪90年代初，我国各地武馆、武校、武术辅导站星罗棋布，武术参与人数日益增多。

1997年，"武术段位制"正式实行，从初段位、中段位到高段位共有九段。这项新措施进一步普及了大众武术，武术社会地位进一步提高。

### 2. 武术组织的发展

1950年，中华全国体育总会召开武术座谈会，会议提倡今后要大力发展武术。

1952年，国家体委成立后，民族形式体育研究会成立，针对武术的系统的挖掘和整理工作相继展开。

1955年，国家体委在运动司下设武术科（后改为武术处），武术开发整理在国家层面上升到了一个新的高度。

1985年，国家体委武术研究院成立，武术管理和推广工作更加规范。

1994年,国家体委增设武术运动管理中心,武术的管理体制进一步得到完善,并在科学化和规范化进程方面有了新进展。

3. 武术教育的发展

武术纳入新中国学校体育教学系统,是对武术及其文化传承与发展重视的表现,也是武术及其文化传承方式的教育传承的新尝试。

1956年,教育部编订并颁布了中国第一部《中、小学体育教学大纲》,其中明确规定了武术应为学校教学内容,此后,我国各级学校开始高度重视武术的教学工作,并且开始以学生的需要和发展为中心进行武术教学。

1961年,《全国大、中、小学体育教学大纲》(修订版)规定了武术课程在小学中的课程标准。全国大、中、小学教育系统中,由于高校在师资、器材、设备等方面都具有良好的条件,高校武术的开展效果有了新的改观。

1977年,我国开始恢复高考制度招收武术本科生。

1978年,我国恢复武术研究生的招生工作。

20世纪80年代以后,学校体育中的传统武术内容再次得到重视,学校体育课还实现了现代体育的教学和民族体育的教学有机结合。

20世纪90年代,我国大、中、小学都有了自己配套的较为完整的武术教材。教育部分别在1996年和2000年出版发行了《武术》统编教材。

20世纪末,我国学校武术教育体系已经初步形成,高校武术教育取得了较为理想的效果。

进入21世纪,我国重视学校体育教学改革,强调在学校体育教学中增加传统体育教学内容的比例,武术作为我国传统体育的代表性项目,在学校武术教学中受到重视。

现阶段,我国中小学武术教学内容在体育教学中日益增多,在高等教育系统中,大多数高校都已将武术列入教学大纲,并规定了一定的教学时数,制定了具体的考核办法和标准,高校武术教学发展日益完善。

### 4. 武术竞赛的发展

武术竞技化始于 1953 年举办的全国民族形式体育表演及竞赛大会,这标志着武术作为体育运动项目开始进入到竞赛领域。

1956 年,中国武术协会成立,武术被定为表演项目,举办了武术表演大会。

1958 年,中国武术协会组织部分专家起草了《武术竞赛规则》,这是中国第一部以长拳、南拳和太极拳为主要竞赛内容的武术规则,这也标志着武术比赛的发展轨道越来越正规化。

1974 年 8 月,全国武术比赛大会在西安举行。

1989 年,国家体委颁布了《武术散手竞赛规则》,将全国武术比赛改为全国武术锦标赛,并且进行了一系列改革,使武术比赛的公平竞争机制得到进一步强化,使武术套路及技术水平得到提高,进而为武术竞赛进入一个新的发展阶段创造了有利的条件。

1990 年,武术成为北京亚运会正式比赛项目。

1994 年,首届"全国大学生武术比赛"举办。

1999 年,为了使散手竞赛进一步规范化和突出民族特色,散手正式改名为"散打"。

21 世纪以来,我国为武术进入奥运会积极努力。2003 年,为了申报奥运会项目,我国重新修订了《武术(套路)竞赛规则》,规则的修订表现了我国武术向国际体育发展看齐的决心,推动了我国武术的国际化发展。

2004 年,广东省佛山市举行了首届全国武术功力大赛。

2005 年,深圳举行第 2 届全国武术功力大赛。

2010 年,在"2010 李小龙文化节"结束阶段,中国武术散打——职业泰拳争霸赛已经成为一项武术品牌赛事,吸引了国际各界人士的广泛关注。

2012 年开始,厦门开始举办国际武术大赛,截止 2018 年已经成功举办了 7 届。2018 年 8 月第 7 届厦门国际武术大赛成功举办,该项赛事规模、组织水平、影响力一届比一届好。

2018 年 11 月 10 日,第 3 届普陀国际武术比赛暨舟山群岛新区太极拳交流大赛在佛教名山普陀山成功举办,有 7 个国家的选手参赛,进一步推广了中国武术,尤其是太极拳文化。

近两年,我国国际武术赛事日益增多,我国在不断扩大武术竞赛数量的基础上,提高武术竞赛质量,志在打造具有国际影响力的武术赛事。

# 第三节　高校武术教学现状

## 一、学校武术课程教学现状

当前学校武术教学系统中,高校武术教学开展较好,具有代表性,因此,这里重点对我国高校武术教育教学现状进行详细分析。

### (一)课程类型

从本章前文所述可以了解到武术在我国学校体系中是较早开展的教学项目,具有较为悠久的历史,是学校体育教学传统教学项目。但是,受多种因素影响,武术教学一直都不是我国高校的必修体育课程,主要还是以选修课的形式存在。

由于武术并非高校必修体育课程,加之武术很多技术动作有一定难度不好掌握,因此,我国高校武术课程教学面临“大学生喜欢武术,但不喜欢武术课”的尴尬境地。

### (二)教学内容

我国传统武术内容丰富、种类繁多、形式多样,在高校体育教学中,为了丰富学生的武术学练体验,当前我国高校的武术课程教学内容体系可以说是非常完备的,教学内容非常丰富,日常常见的武术内容在高校体育课程教学中均有体现(表 1-2)。也有一些学校结合地域特点,开设了地方特色武术课程内容教学,但是,这一部分在全国高校中所占的比例是非常少的。

表 1-2 各高校武术课程教学项目

| 课程名称 | 课程类型设置 |
|---|---|
| 太极拳 | 必修 |
| 初级拳 | 必修 |
| 五步拳 | 必修 |
| 散手 | 选修 |
| 太极剑 | 选修 |
| 棍术 | 选修 |
| 双节棍 | 选修 |
| 太极扇 | 必修或选修 |

据调查,在高校大学生群体中,大学生在武术教学课程内容的选择方面,表现出一定的性别差异(表 1-3、表 1-4)。[1]

表 1-3 男女生武术选课比例

| 项目 | 男生 | 女生 | 未填 | 总人数 |
|---|---|---|---|---|
| 人数 | 282 | 296 | 1 | 579 |
| 百分比(%) | 48.7 | 51.1 | 0.2 | 100% |

表 1-4 武术课程内容的设置对学生选修的影响调查

| 课程内容 | 男生 | 女生 | 不选 |
|---|---|---|---|
| 太极拳 | 74 | 227 | 278 |
| 太极剑 | 163 | 181 | 235 |
| 太极扇 | 89 | 278 | 212 |
| 双节棍 | 161 | 68 | 350 |
| 棍术 | 149 | 33 | 397 |
| 散手 | 112 | 12 | 455 |
| 初级拳 | 35 | 9 | 535 |

[1] 李君华. 北京普通高校大学生武术课程设置现状研究[D]. 北京体育大学, 2006.

高校大学生对高校武术课程教学内容选择的性别差异与男女性格特征的不同具有非常密切的关系,男生普遍喜欢运动强度大、节奏快的武术内容,女性则偏向于选择运动强度小、较为安静的武术内容。

(三)选课率

目前,在我国各大高校中,西方竞技体育课程的选课率要远远高于武术课程的选课率,选课率低是当前我国高校武术课程教学面临的一个实际情况。

调查发现,在当前我国学校体育教育环境下,很多高校大学生对武术没有一个全面、客观的认识,大多数大学生认为武术是"高、难"体育项目,武术教学内容就是跆拳道中的出拳、踢腿、攻防,这种错误的认知使得很多大学生对武术课程教学"望而却步",为了更好地修完学分,大学生更倾向于选择那些自己接触过的、有一定运动基础的体育项目,因此,选修武术课程的学生人数不太理想(表1-5)①。

表1-5　大学生是否选修过武术课情况调查

| 项目 | 未填 | 是 | 否 | 总人数 |
|------|------|------|------|------|
| 人数 | 14 | 387 | 178 | 579 |
| 百分比 | 2.5% | 66.8% | 30.7% | 100% |

经过进一步的调查分析,发现有武术课选修经历的大学生,对武术课程的选修和学习大多是十分满意的(表1-6)②。可见,由于对武术的认知不当导致了大学生不敢选修武术课程,而一旦选修了武术课程,就可获得非常难得的学练体验。这也说明了在大学校园中要加大武术学练宣传的重要性,以引导大学生对武术有一个正确的认知。

---

① 李君华.北京普通高校大学生武术课程设置现状研究[D].北京体育大学,2006.

② 同上.

表 1-6　大学生选修武术类课程的态度调查

| 项目 | 未填 | 无所谓 | 不喜欢 | 喜欢 | 很喜欢 |
|---|---|---|---|---|---|
| 人数 | 5 | 178 | 79 | 209 | 98 |
| 百分比 | 0.9% | 31.3% | 14% | 36.7% | 17.1% |

从大学生对武术选修课的满意程度调查来看，对武术课有好感的学生占半数之多，要进一步提高对武术课程的选课率，当前，必须全面提高学生对武术的兴趣与学习积极性，这是提高武术课程选课率的关键。

（四）课时分配

目前，我国高校体育教学中，西方竞技体育运动项目仍然是高校体育课程教学的重点，武术课程教学处于弱势地位，因此分配到的教学课时非常少（表 1-7、表 1-8）[①]。

表 1-7　高校体育课课时调查

| 项目 | 未填 | 无 | <18 学时 | <36 学时 | >36 学时 | 总人数 |
|---|---|---|---|---|---|---|
| 人数 | 2 | 13 | 23 | 139 | 402 | 579 |
| 百分比 | 0.3% | 2.2% | 4.0% | 24.0% | 69.4% | 100% |

表 1-8　高校武术课课时调查

| 项目 | 未填 | 无 | <18 学时 | <36 学时 | >36 学时 | 总人数 |
|---|---|---|---|---|---|---|
| 人数 | 11 | 67 | 106 | 223 | 172 | 579 |
| 百分比 | 2% | 11.6% | 18.3% | 38.5% | 29.7% | 100% |

根据国家相关规定，高校课程的一个学时为 50 分钟，一节课为 2 学时。通常，一周安排一节体育课，1 学期为 18 周、18 节课、36 学时。在我国高校课程教学课时分配上，普遍存在的现状是：

---

① 李君华. 北京普通高校大学生武术课程设置现状研究［D］. 北京体育大学，2006.

课时在 36 以上的学生占到 69.4％,达到了国家教学大纲要求的最低标准,另有 30％左右的学生的总课时未能达到教学大纲要求,再加上高校武术课时设置少,很多学生在武术学习方面少于 36 课时,与国家所要求达到的课时存在一定的差距。

（五）教材使用

现阶段,我国武术教学课程体系日益完善,但目前我国许多高校的武术教学所使用的教材,却普遍存在以下问题。

（1）教学内容陈旧,国内部分高校还在使用着 20 世纪 50 年代的武术教材,武术教材内容缺乏新内容,教材创新迟缓。

（2）武术教材的文化内涵不够突出和明显,这是制约我国高校武术良性发展的重要因素。①

（3）由国家统一编撰的武术教材,不能充分体现地域特色,地方学校在武术教学内容方面也很少突出地方和民族特色。

（4）部分高校的武术教材教育价值不够高,难以有效激发学生学习兴趣。

（5）一些高校的武术理论课设置比例小,导致武术教学实践空洞和单一。

（六）师资力量

教师学历方面,现阶段我国高校武术教师队伍中,有很多教师都是兼职,只有少数高校的武术教师经过系统的培训,专任武术教师的学历普遍不高,本科学历占据绝大多数,研究生比例少,博士几乎没有,当然,这与我国对武术教育的重视程度有很大关系。

教师教学能力方面,优秀教师少。大多数教师往往存在武术技能高但是教学经验不足,或者武术经验丰富但是课堂教学能力不足等问题,综合素质全面的武术教师非常稀少。纵观我国高校武术教学开展情况,师资力量不足严重制约了我国学校武术教学的创新与发展。

---

① 任天平.对高校武术教育的思考[J].体育世界(学术版),2018(05):83＋85.

## 二、学校武术队学训现状

（一）运动员等级

在我国高校重视武术教学改革与发展背景下，很多高校都建立了学校武术队，高校武术队建设成为高校武术教学与训练的重要补充。

据调查，当前，我国注重建设武术队的高等院校大多是比较知名的高校，他们在选拔高水平武术运动员时，与普通大学的招生一样，纳入本年度招生计划（一般不超过 20 人），不能擅自扩招，招生工作结束之后，对本校的武术运动员招生情况进行整理和汇总，上报教育部门备案，并将运动员名单报中国大学生体育协会注册。

为了确保本校的武术运动员的等级结构的合理性，通常，在运动员招生中对各等级的运动员有比例限制，以确保武术队的持续发展（表 1-9）。

**表 1-9　高校武术运动员等级情况**

| 运动员等级 | 比例/% |
| --- | --- |
| 运动健将 | 8.2 |
| 一级运动员 | 29.9 |
| 二级运动员 | 47.5 |
| 二级以下 | 14.4 |

（二）运动员参赛情况

目前，我国高校高水平武术运动队可参加的武术竞赛有三类，即奥运会（四年一次）、全国大学生运动会（四年一次）、世界大学生运动会（两年一次），各省市、地区、校际间的武术竞赛（对 30 所高校的高水平运动队进行取样，表 1-10、表 1-11）。

表 1-10　高校高水平武术运动队省市级比赛参赛情况

| 省市级比赛 | 高校数量/所 | 比例/% |
|---|---|---|
| ≤1 次 | 12 | 40.0 |
| 2 次 | 11 | 36.7 |
| 3 次 | 4 | 13.3 |
| ≥4 次 | 3 | 10.0 |

表 1-11　高校高水平武术运动队国家级比赛参赛情况

| 国家级比赛 | 高校数量/所 | 比例/% |
|---|---|---|
| ≤1 次 | 16 | 53.3 |
| 2 次 | 9 | 30.0 |
| 3 次 | 3 | 10.0 |
| ≥4 次 | 2 | 6.7 |

在武术参赛方面,高校普遍存在的问题是,各高校高水平武术队一般只有在四年一届的全国大学生运动会中才有参加比赛交流的机会。全国大学生运动会以省为单位,很多武术队只能参与本省的武术竞争,武术运动员缺乏参赛交流机会,只练不赛的情况较多。要促进我国高校武术的进一步发展,就需要为运动员提供更多的参赛机会。

(三)教练员情况

1. 学历层次

教练员质量直接决定运动队的训练质量和效果。当前,我国高校高水平武术运动队的教练员的学历水平整体较高(对 74 位教练员进行取样,表 1-12),能确保武术队的高质量学、训活动的开展。

表 1-12 教练员的学历情况

| 学历 | 教练员数量/位 | 比例/% |
|------|------|------|
| 大专学历 | 6 | 8.1 |
| 本科学历 | 48 | 64.9 |
| 研究生学历 | 13 | 17.6 |
| 博士生学历 | 7 | 9.4 |

2. 来源

我国各高校武术运动队的教练员,有大部分(约60%)教练员来自本校的武术教师,其次是退役的武术运动员,还有一部分是高水平教练员的引进。很多武术教师在学校同时兼任教练员,在武术教学与武术运动队训练方面难以兼顾,不能较好地满足武术运动队建设和发展的需要。

3. 专业素养

整体来看,我国高校武术教练员的专业素养存在以下问题,其专业素质有待进一步提高。

(1)教练员岗位培训不足,教练员观念保守、落后,不能很好地把握武术的发展趋势。

(2)教练员兼职武术教学导致学术研究精力、时间有限,武术理论研究缺乏,对于新的武术理论缺乏深刻的认识和细致的研究。

(3)教练员对武术运动队训练的指导不足,训练中缺乏有效互动。

# 第二章　武术的多元教育价值论

武术运动属于体育运动范畴,具有体育运动的一般性运动价值,同时武术运动根生于我国传统社会文化中,具有重要的社会文化属性,与我国传统哲学思想、传统养生观念有着非常密切的联系,在运动思想、运动内容、运动形式上都表现出鲜明的东方特色。中国武术作为东方传统体育运动及体育文化的代表,具有特殊的运动与文化价值,对参与者的身心和社会适应等各方面具有重要的教育影响,自古就被作为一种教育内容传承至今。本章主要就武术的多元教育价值进行深入分析,以为习武者全面认识武术教育价值和端正武术运动参与动机,以及充分调动习武者的积极性奠定良好的思想理论基础。

## 第一节　武术的体育价值

### 一、哲学视角下的武术

(一)早期身体认知

1. 我国古代的"身体"含义

"身体"一词是外来词,在我国古代"身""体"是分开使用的。

据文献考证,"身"最早出现在《说文》中:"身,躳(同躬)也。象人之身。",此后的文献中,李孝定《甲骨文字集释》:"契文从人而隆其腹,象人有身之形,当是身之象形初字。"《诗·小雅·何人斯》中有:"我闻其声,不见其身。"都有对"身"的描述,从上下文的意思来看,"身"指的就是整个身体。此外,在我国古文中"身"也有指代"我"的意思,如《尔雅·释言》:"身,我也。"

"体"字最早出现在《淮南子·论训》中,其中记载"圣人以身体之",从文中意思来看,"体"是"体察""体会"的意思,另据《越语肯綮录》中记载:体"即粗疏庸劣之称",具体意思为"笨""粗劣"。

从我国古文献中可以看出,在我国古代,"身"与"体"是两种不同的事物,具有多种不同的指代性含义。

### 2. 西方对身体的解释与态度

从西方国家关于身体的研究来看,最早对人的身体开始进行研究的是古希腊哲学家们,限于早期人类认知的局限性,古希腊哲学家对身体的研究都带有一定的迷信色彩,引入了灵魂作为参照系,指出"身体是灵魂通向知识、智慧、真理的障碍"。在早期的基督教中,很多教徒都相信"身体是原罪之体",要回到上帝身边,就需要不断的苦修来抑制身体欲望,人们对身体是一种"蔑视"的态度。

一千多年的宗教神权统治使对身体以及对人的蔑视达到顶峰。基督教对身体的否定,实质是对身体所代表的感性世界的否定,他们要确立的是以神学为主的理性世界,这一点与古希腊思想一脉相承。

文艺复兴时期,身体有过短暂的复苏,但人们只是赞美身体的美感,关注点还是游离于身体本源之外的各种各样的意识形态及其产物。

马克思指出"身体的饥寒交迫是历史的基础性动力",《共产党宣言》进一步指出,未来新社会的根本特征就是"每个人的自由发展是一切人自由发展的条件"。

在西方思想史中,身体一直处于思想意识体系外,很少受主流思想关注。西方哲学对身体的界定较为模糊,更多关注身体所附加的意识。

我们这里探讨的身体,包含人体所特有的生理需求、反应与属性及其支生物。

(二)武术身体观

### 1. 武术的身体

中国传统武术与中国传统文化具有非常密切的关系,武术的产生建立在一定的文化背景和社会基础之上,武术对身体的认识与传统文化对身体的认识有非常密切的关系。

从现有文献来看,在我国古代关于身体的讨论并未涉及个人,大多是从整体的观念来关注人在世间的努力。孔子的"仁爱"哲学给个体的生命赋予意义,并对群体的生存生活提出了道德要求,但对于个体的身体缺乏关注。

在中国传统文化中,道教文化与佛教文化是非常重要的一部分内容,道教关注抽象意义上的、形而上的"道",追求长生不死,重视"养生""摄生";佛教讲求生死轮回,对人生的基本态度是离世、出世,终极目标是解脱生死。无论是道教还是佛教,都谈不上对人身体的认识与关注。[①]

我国传统文化重视以整体观来看待问题,因此,对于群体的关注要远远多于个体,这一点是不难理解的。中国传统武术的哲学观点与学说,如阴阳、太极、五行、天人合一、形神统一等,都是追求"中和"的表现,讲究兼容并包,因此,个体研究被忽略、个体被淹没在群体之中也就成为必然。在我国古代文化中,个体是渺小的,应该服从于群体,反应到武术文化中,就是武术习练要重视遵循自然、实现天人合一、与人为善,更多的是一种道德要求,关注人的中庸,强调身体的协调。

---

① 李翠霞. 结构武术[M]. 北京:经济日报出版社,2016.

2. 身体的武术

(1)满足身体需求是武术起源的基础和发展的灵魂。武术产生的根本,在于满足个体生存发展需求,无论是武术的劳动起源说,还是战争起源说、教育起源说、宗教起源说,都是为了满足远古时期人类最基本的生存、发展需求。

在远古时期,生产力低下,人类要获得生存,就必须学会搏斗,为食物,为安全,为一切生理需要,只有在搏斗中获胜,才能赢得继续生存下去的机会,这也是武术起源和存在的根本。

我国古哲学指出"形存则神存,形谢则神灭",一个人肉体被消灭之后,其他依附于人的所有存在与发展都会消失,因此说,满足身体需求是武术存续的基础。

纵观武术发展历程,身体是武术发展的根本物质载体,武术是一项依附于身体的活动,武术的技法理论、哲学思想、动作套路等都需要借助于人体活动(包括身体活动和思维活动)来完成,在武术内容与形式的传承与发展过程中,作为文化载体的人(这里指群体)的身体的细小变化,都会影响武术的内容与形式发生变化,这种细小变化的积累可导致武术文化发生大的变化,进而成为一种独立的体育项目,再分化为不同的武术拳种、武术器械、武术功法等。这些发展和变化都是依靠人来完成和实现的。

(2)武术的博大精深反向证明了身体的差异性。武术内容丰富、种类繁多。以武术太极拳为例,在其发展过程中形成了陈式、杨式、吴式、武式、孙式五大家,各家均有所长,各具精妙,流派和拳种的产生,正印证了不同的人对武术的认识与感受不同,不同的个体发展需要参与不同内容的拳种练习才能获得收益。即使是在现在社会大众中广泛推广的二十四式简化太极拳,在每一个练习过程中,也会有不同的感悟、不同的体态、不同的锻炼收益。

武术多样化的发展证明了个体身体的差异性,不同流派和拳种的产生为不同群体、个体参与武术习练提供了丰富和多样化的选择。

个体身体的不同决定了产生于身体肢体直接反应的武术的丰富多彩而非统一。这里需要重点指出的是,个体身体的差异性从武术多元内容与形式中得到体现,那么,如此多的个体为什么只产生了五大家太极拳,而非千家、万家,甚至更多?这一点可以从"身体可塑性"上找到答案。

个体的身体虽然不同,都会思考,都有意识,但人的身体具有极大的可塑性,如果身体战胜不了意识就会臣服于意识,因此,武术得到传承;身体(通过参与武术)获得发展后,意识不能满足和解释身体的变化与发展,则身体就会追求新的发展,因此,武术得到创新。继承容易,创新难,每一家拳派的创始人的身体追求和拳法理论观点都是不同的,这种不同需要一定的智慧水平,还经过长期的发展过程才能实现。

(3)"形神统一"是武术身体参与的最佳途径。我国传统哲学认为,形是神的物质基础,神是依附于形而存在的,形、神相互影响、相互作用。

武术运动过程中,形与神相互联系、制约、渗透,二者对立统一。武术中的"形"是指人体四肢、躯干、器官,是身体意义上的"形"。与"形"相对的意识方面就是"神","神"包括精神、意识、思维等,在武术习练中表现出来的是一种气势与神韵。

体现在武术技术中,"形"与"神"二者的关系,就是手、眼、身、法、步等有形的动作和意念上的心、意、胆等无形的心理品质,二者应做到"形神兼备""形具神生""以形传神"。

(4)"身心合一"是武术对身体发展的最高要求。诸多武术大家在武术学练中都追求"身心并修,身心合一",练拳,要排除杂念,要全神贯注,要意识集中,通过思想意识对身体的有意识的控制去达到某一种具体的动作形态,并实现身心的和谐,达到一种和谐统一的状态与境界,以促进身心的协同发展。

## 二、武术的体育价值表现

(一)改善身体机能

结合人体几大机能系统,分析武术健身对身体各机能的有利影响如下。

1. 改善神经系统机能

(1)活跃中枢神经。武术内容丰富、拳种多样,长期坚持学练可接触到许多复杂的武术技术动作。随着武术学练的深入,复杂的武术动作将更为多见,而复杂的技术动作(尤其是一连串和整套的复杂技术动作)的完成需要身体各部位高度协调配合,这对于习武者的神经系统是一种很好的锻炼,在动作完成过程中,要想准确完成每一个技术动作并做到各个技术动作的顺畅衔接,需要习武者瞬间的及时准确的应变反应。因此,经常参加武术学练,能使大脑细胞工作能力提高,神经系统的兴奋性和灵活性得到改善,对外界刺激的反应更快、更准。

(2)丰富血氧供应。武术学练可以促使血液循环加快,在单位时间内流经脑细胞的血液增多,使脑细胞得到更多的养料和氧气,能迅速将代谢产物排出,从而有利于消除疲劳,提高学习效率。

(3)预防神经衰弱。武术学练是预防神经系统衰弱的有效方法。多参加武术学练可以使大脑的兴奋和抑制两种功能保持平衡,防止功能性神经衰弱疾病的发生。

2. 改善呼吸系统机能

呼吸系统保持正常工作是确保生命体存在的基础,呼吸停止就意味着有机体遭受到生命威胁。人体必须不断地从外界吸进氧气,排出氧化后所产生的二氧化碳,保持呼吸的正常进行。

武术健身习练,讲究"松胸实腹,呼吸自然",在拳法理论中,要求将内在的"精、气、神"与外在的"手、眼、身、法、步"等相结合,以此提高武术习练的效果,这是传统文化中养生理论与武术理论及训练方法相结合的体现与反映。在武术不同流派的拳术中,通过调整呼吸来配合动作也是十分重要的,这不仅能够促进动作的灵活自如,而且能够通过呼吸的调整来对人体循环系统和其他内脏器系的功能进行调节。武术对个体的呼吸系统机能的改善主要表现在武术气功养生健身项目上,武术气功养生项目重视练气,注重运动过程中对"气"的引导,可有效改善呼吸系统机能。

(1)增加肺活量。肺活量是个体生长发育和健康水平的重要指标。武术养生功法习练讲究呼吸和动作的配合,在武术养生功法学练时,经常性的深呼吸可以促进肺活量增长。

(2)增加肺的通气量。经常参加武术养生运动习练,可使呼吸肌强健、胸廓扩大,心肺功能增强,使呼吸深度增加,有效地增加肺的通气量。

(3)增加氧的利用率。长期坚持武术养生功法练习,习武者的心肺功能增强后,可降低呼吸频率,增加呼吸深度,即提高每次呼吸过程中肺的通气能力,提高机体对每次呼吸的氧的利用率。

### 3. 改善运动系统机能

武术基本功练习是习武者学练武术的重要内容,无论是初学者还是武术大家都必须重视武术基本功练习。

武术基本功是习武者武术学练的基础,任何拳术、器械、功法等的习练都必须建立在扎实的武术基本功基础之上,武术学练讲究动作的"形"和"意",而非简单的动作模仿,也并非花架子。首先,以武术的套路练习为例,包括武术在内的任何武术套路都会穿插一些非攻防技击意义的动作,使得套路动作更加连贯。但是,武术的套路动作必然与武术基本原形动作不一样,在技术规格、运动幅度等方面有所变化,以踢、打、摔、拿、击、刺等技击动作为主,对习武者的身体素质具有一定的要求。其次,就武术的动作规格来看,技击性是决定武术动作规格的基本依据,武术注重力量的训练。武术基本动作、套路动作中的一招一式,都讲究动作应做到刚柔相济,中正不倚,以意导体,以气发力,不能是花架子,必须要做到力达拳面、掌面、肘尖、脚跟等。对于习武者的各部分身体肌肉的调动和肌肉力量的发展具有重要促进作用。

　　武术各拳法、器械套路、对抗习练等,对运动系统机能的改善也有重要促进作用。具体来说。在武术动作中,有许多武术动作是对各种动物形态、动作的模仿,有时需要身体以非常态的形式出现,这对于个体肌肉和骨骼的生长、灵活性、运动能力等的发展具有重要作用。参加武术习练,能加强骨组织的新陈代谢,使骨密质增厚,骨径变粗,增强骨骼的抵抗张力、压力和拉力,同时,有助于改善骨的血液供应,促进骨骼生长发育、形态结构的完善。此外,武术套路动作中往往包含有大量的相互牵制、动静结合、伸展、平衡等多种、多样化的动作的完成,强调动作的灵活性,如虎形、蛇形动作展示,要做到动作的标准与体现神韵,不仅要求关节具备一定的牢固性、灵活性、伸展性和柔韧性,还要求关节、肌肉保持紧张,有一定的压力、拉力。这些武术动作习练对于习武者提高自身对关节和肌肉的控制力、促进关节与肌肉的发展与完善具有重要的作用。

（二）提高身体素质

1. 增强力量素质

　　力量素质是人体运动的重要基础,人体的运动离不开力量素质。包括养生术在内,任何体育运动都有助于机体的力量素质增强。

　　在武术基本功练习和武术轻功功法练习中,涉及许多负重的基本武术动作习练和大强度的动作力量训练,这些力量训练对于习武者的力量素质是一种很好的锻炼和提高,武术健身练习对于习武者的力量素质的增强是显而易见的。

### 2. 增强耐力素质

武术健身练习大都不注重技击功效,而注重身体的气血、力气、意念等的引导。在缓和的功法练习当中,增强习武者机体各方面的耐力素质。

以太极拳练习为例,太极拳的功法练习讲究"体松心静"。"松",有时也称"柔"。太极拳的"体松"就是健身者在练习太极拳的过程中,既要保证姿势正确,又要保持全身肌肉、关节、韧带和内脏都处于自然、舒展和尽可能放松的状态,但又要避免无谓紧张,这对个体来说,通过武术健身习练可促进肌肉耐力发展。

### 3. 增强速度素质

"天下武功,唯快不破"。这句武术谚语充分说明了在武术习练中,武术动作对于习武者动作速度的要求,尤其是在武术对抗运动中,谁的反应更快、出拳(掌、肘、腿、膝)更快,谁就能先发制人。长期参与武术习练可提高习武者速度素质水平。

### 4. 增强灵敏素质

武术动作习练讲究神似、讲究意境,讲究身体各部位动作的协调配合。武术动作丰富多样,坚持习练可以增强习武者的各感受器官(尤其是视觉感受器官)的功能,提高习武者分配与集中的能力,使动作更加精细化。

武术各类拳种的动作,集合了多种人体基本运动技能,武者通过练习,可掌握技能,并结合运动强度不大的运动内容、多样的运动方法、趣味性丰富的运动形式,有助于提高人的空间、时间和定向能力。

武术养生练习,有助于提高习武者的灵敏素质,养生理论中的精、气、神的练习是内在的练习,表现在身体外部就是个体的灵敏性、敏捷性的提高。

（三）提高抵抗力

人体对内外环境中对可侵害有机体的物质的抵抗力的提高，主要表现在个体环境适应能力的增强，人体适应能力是反映人的体质强弱的一个重要方面，也是人体维持正常生命活动的一种重要能力。个体对环境的适应，可促进个体与环境的和谐相处，如机体能很好地适应冷热环境，不会轻易地感冒或者中暑。

个体参与武术运动可有效提高个体的适应能力，包括对内部和外部环境的适应。

首先，个体对自然环境的适应力、对疾病的抵抗力、机体疾病损伤后的修复力。个体认识和改造自然，需要强壮的身体、不屈的意志去适应自然界的变化以保持自身的生存，这就需要进行各种适应性锻炼，而武术学练是有效的途径之一。武术学练过程中对习武者内外兼修的学练要求有助于增强其体质，提高机体对内环境和外环境的适应能力。

其次，武术运动学练可增进习武者机体内环境的良性变化。武术强调内外兼修，外练与内练都应得到重视，"外练"指的是由人体的运动系统（通过关节、肌肉以及骨骼所组成）完成的各种动作。而"内练"主要涉及的是人的"精""气""神"。与这密切相关的是养生术。武术养生功法练习，可以促进个体体内气、血、精、髓的积极变化，武术养生功法中的拳理、拳法多联系穴位、经络、气血、脏腑、阴阳，使技击与健身有机结合。一些动作会打破身体原有的平衡，对此，机体本身必须及时进行调整，以保证正常的生命活动。因此，长期练习，可以提高机体的适应能力，机体内环境的和谐可实现阴阳平衡，中医认为阴阳失衡是导致疾病的根本，因此，武术习练可有效预防疾病的发生。

（四）养生保健、益寿延年

我国传统武术建立在我国传统文化基础之上，深受我国传统中医和养生文化影响,许多功法练习都遵循了传统健身养生理论对人体健康所总结归纳的规律,因此,长期坚持武术健身练习,有益寿延年的功效。

我国传统武术以中医理论为重要指导,武术与传统中医具有相同的哲学基础,这些哲学思想,如阴阳、五行、经络等,从根本上决定了传统体育养生与中医的练习技法与医理的相通。传统体育养生功法以中医理论为基本基础,指导习武者养生练习,在中医理论指导下,武术养生的基本要点是养精、练气、调神,通过传统养生运动功法和套路内容的习练,习武者可以达到和实现身形的良性发展,实现精、气、神的和谐统一,进而实现自我的内在机理的和谐统一,可强身健体、益寿延年。

武术的养生保健、益寿延年的"育""体"价值具体表现如下。

## 1. 通气血经络、活动筋骨

经络学说是我国武术重要的哲学思想基础,也是我国重要的中医学说,其研究人体经络的生理功能、病理变化及其与脏腑相互关系的学说。"经"即路径,"络"即网络。经络是经脉和络脉的总称。我国传统养生功法理论认为,在人体中,经络发挥着非常重要的作用,这与中医医理有着相通之处,全身经络的良好运行可以确保周身气血的顺畅,进而为身体的各种生理活动和身体运动提供必要的物质基础支持。

我国传统武术的许多动作设计都充分考虑了对人体的气血、经络的疏通,以及对机体各部分肌肉、关节等组织的锻炼和代谢促进,长期坚持武术习练,可令人体保持良好的状态。

## 2. 平衡阴阳,促进机体生长发育

阴阳学说是我国古代的重要哲学思想内容和学说的代表,先人总结归纳得出,阴阳失衡则万物(包括人体)失去其常态。中医的重要理论基础就是阴阳学说,在我国古代阴阳哲学思想中,世界万物都可以划分为阴阳的两个面,事物的发展需要遵循阴阳的基本发展、变化的规律,人体也不例外,如果人体的阴阳颠倒,阴盛阳衰,或者阳盛阴衰,都会引发身体不适,使身体处于不健康或者疾病的状态。

武术健身养生功法充分借鉴了我国中医阴阳平衡的养生思想,传统养生学和功法练习强调人体的阴阳平衡,此外,还强调功法练习中与周围环境的契合,如夏季练静功,以防耗阳;冬季练动功,以防阴盛。可见武术健身习练内容和思想都是具有科学养生根据的,可促进机体的健康发展。

3. 调和气血、脏腑,修复身心

我国传统养生理论认为,气是人之根本。脏腑学说强调,人体是否健康,与人体的脏腑器官的正常生理功能的保持有着非常重要的作用,如果人体的脏腑处于病理状态,则人体也会处于一定的病理状态,脏腑失调是人体失去健康的重要病理原因。

武术运动内容,尤其是武术养生功法重视运气、练气,对于气的练习非常重视,同时,也强调养生功法练习中的"意守",尤其是在我国传统养生功法的静功练习过程中,以意领气,将意念专注于身体的病灶,可以通过功法练习起到调和气血的作用,使人体的病灶位置的血气得到畅通流动,进而修复病灶。

武术重视腰功练习,很多套路动作都有专门针对腰部的动作习练内容,武术技法理论指出"腰为命门","命门相火旺盛,肾气则充溢"。脾气充足健运,后天水谷得以消化,精微物质得以运化,可为人体脏腑、经络、四肢、百骸的正常活动提供营养和物质基础,因此个体如果能坚持科学的、长期的武术练习,可使周身的经络疏通、气血运行顺畅、阴阳保持平衡,整个有机体处于良好的运行状态,可增强体质、抵御疾病、保健养生、益寿延年。[①]

---

① 邱丕相. 中国传统体育养生学[M]. 北京:人民体育出版社,2011.

# 第二节 武术的健心价值

## 一、武术的心理调节与完善价值

心理,是指个体身上表现出的带有稳定性和经常性的心理状态。这种心理状态可能是好的,也可能是不好的或病态的。武术习练"外化与形,内化于心",通过身体的习练可调节人体的心理活动的变化,武术习练具有丰富的哲学内涵,在武术动作、套路、对抗中,将传统哲学融入功法和套路练习中,使人关注自然、关注自我、关爱他人、关注群体、关注社会,对个人的心理活动改善具有重要的促进作用。

（一）愉悦身心

武术习练可促进运动者身心愉悦,这与体育运动本身所具有的运动娱乐作用和武术本身的娱乐属性密切相关。

1. 体育运动本身的运动娱乐价值

运动使人快乐,已经得到科学实验证实。从生理学角度来讲,人体运动可促进人体分泌内啡肽,这种物质可以使人的心情愉悦,因此可以产生运动快感。传统体育养生,是在注重人体身体健康和良性发展的基础上的功法运动,养生与养心紧密结合,同样注重运动者的良好情绪的塑造和培养。

武术是一种体育运动,武术运动内容丰富、形式多样,是人民群众喜闻乐见的群体性活动,因此得以长期在民间广泛流传至今。经过长期的发展,多元化的武术养生运动、养生活动等,以其显著的健身性、娱乐性和民族性而受到人们喜欢。运动参与过程中,可活动身体,使身体得到放松,令心情愉悦。

### 2. 武术本身的娱乐属性对运动者心理的调节

武术具有娱乐属性，一方面，传统武术是一种人的身体活动，具有人体运动审美价值，能满足人们的休闲娱乐需求；另一方面，传统武术是一种武技，能表现人在攻防技击时的技巧和能力，具有一定的艺术性，具有竞技观赏价值。娱乐属性使得传统武术的观赏和娱乐价值得以在民间发扬光大，民间各种喜庆集会活动中常有各种武术表演，无论是习武者自身，还是观赏者，都能在直接或间接的武术参与中，收获轻松愉快的心情。

在古代，武术是各民族相对封闭的自然与社会生活环境中人们主要的休闲娱乐方式，能够使人的心理情感得到有效的调节，社会文化生活更加丰富多彩。武术的愉悦身心的价值在现代社会尤为重要。当前，人民生活水平较高，单纯的物质条件已经满足不了人们对生活的追求，再加上现代社会节奏快、人们压力大，通过参与武术养生运动，能有效改善人的不健康行为、不健康状态，因此，大众需要一种健康的运动娱乐来释放身心压力，武术运动符合了我国社会大众的文化认知，并具有切实的身心愉悦价值，是当前社会大众运动参与的首选。

### (二)疏导情绪

这里同样从体育运动本身的疏导情绪价值和武术所具有的特殊的情绪干预作用，对武术疏导情绪的价值分析如下。

首先，参与体育运动，可将运动者的身心注意力都集中到运动上面，可以促使运动者暂时忘却生活、学习、工作中的烦恼。当人专注于运动，有机体的运动中枢形成强烈的"优势兴奋灶"，这个"优势兴奋灶"远高于身体其他系统的兴奋性，进而对其他系统的兴奋产生抑制。运动者在运动中需要释放大量的身心能量，机体代谢活动大大增加，并对不良情绪产生抑制，对于运动者来说，是一次畅快淋漓的能量输出，可促进机体的激素分泌发生变化，可促使运动者快乐，改善不良情绪所带来的压抑、郁闷感。武术是一种体育运动,参与武术运动,可转移或消除不良情绪。

其次,武术运动健身注重调养,讲究"练养结合"。古人认为,人有七伤,即"忧愁悲哀,寒暖失常,喜乐过度,愤怒不解,远思强记,汲汲所愿,阴阳不顺"。养生调息、专注运动是排解"七伤"因素的有效方法,因此,古人多参与武术养生调息练习,以期修身养性。参与武术养生运动有助于宣泄运动者消极的心理能量,在武术养生运动功法练习中,运动者通过自身的身体动作的练习、气息的调整、注意力的调整和转移、意念的专注,都能将运动者的情绪和意识集中在养生功法练习本身,这就在很大程度上缓解、或者解除个体的消极情绪对身体和心理产生的不良干扰,使个体处于身心健康状态。

现代社会中的每一个人,都要面临来自生活、学习、工作等多方面的各种各样的压力,这些压力促使人们长期处于焦虑、亚健康状态,压力大者往往需要及时排解不良情绪的堆积,参与武术运动可以让个体很好地释放、消除不良情绪。

(三)丰富情感

参与健身锻炼能够在很大程度上影响到运动者的情感,这种影响主要体现在三个方面,即生理、心理和社会的影响,或是上述三者的综合。

传统体育养生运动充分继承了我国传统民族体育在功法锻炼和套路动作练习过程中的意境美,更有许多导引气功项目,如五禽戏、八段锦等,有许多模拟自然界的各种景象或不同动物的姿态,借助自然表现我国传统体育独具特色的动作之美。运动者在练习过程中,不仅要做到动作的神似,更要注重思想和内心情感的引导。而这种特殊的内在思想和情感能促使自我成就的认识和情感体验产生,在似像非像中达到情境交融,情技交融,神形交融,进而使运动者在养生健身过程中感受到愉快、振奋之感。

传统体育养生运动内容丰富,充满趣味性,在参与传统体育养生运动过程中,运动者可有精神抖擞、高度兴奋的感觉,这种投入到养生运动功法练习中的情感体验,能让运动者忘记疲劳,忘记伤痛,完全陶醉在兴奋和快乐之中。

## 二、武术的意志品质培养与提高价值

（一）磨炼坚强意志

武术习练讲究"冬练三九,夏练三伏""拳练百遍,身法自然,拳练千遍,其理自见""百练能熟,千练出巧""久久为功,撂下稀松"等,这些武术谚语都说明了武术健身习练并非一朝一夕的事情,而是需要长期坚持。需要运动者长期坚持,长期不间断地重复同样的动作内容、呼吸方法,这对于运动者的意志力是一项非常严峻的考验,如果运动者受个人内部因素（如怕苦、怕痛、怕单调）,或者外部环境因素的干扰（如风雨、高温酷暑、寒风低温天气等）,放弃长久的练习,则健身功效也会半途而废。

武术具有重要的健身、养生价值,而健身、养生并非是"立竿见影"的事,不可能今天参与武术健身习练后,明天病痛就消除了。对于追求健身养生的人来说,要想健康快乐、益寿延年,就必须长期进行身体锻炼。从运动特点和效果来看,武术养生套路练习和功法练习的效果是在长期习练之后才能显现出来的。

对于任何人来说,长期坚持一件事情很难,武术运动健身很多时候要重复练习基本功、功法套路,这是一个漫长而又枯燥的过程,因此,凡是能坚持下来的人,必然经过了身心的磨炼,具备了坚强的意志。

因此,武术健身练习,不仅可以使运动者的身体得到锻炼,也能使运动者的意志得到锻炼。武术健身可以培养个体坚忍不拔、吃苦耐劳、不畏艰辛的良好意志品质。

（二）催人奋发图强

在我国传统思想中,但凡能成大事者,必然首先要勤奋,并且要敢于为勤奋付出自己的努力。武术习练能够磨炼人的意志,通过这种磨炼,更能使人建立和坚定奋发图强的决心。运动实践表明,长期坚持武术运动习练,有利于运动者形成良好的心理素质。

我国传统武术内容丰富,项目众多,不同流派、拳种的武术练习,能够发展运动者的个性、提高运动者的思想境界、激发个体的进取心、培养运动者的意志力、增强运动者的自我约束能力。武术内容体系丰富,每一个人都能结合自身特点选择相应的运动项目练习。可以是轻快的剑术,也可以是沉稳的太极拳,还可以是重视导引的五禽戏、易筋经。不同的项目功法习练,能使人的个性得到张扬,为人的个性发展提供了更为广阔的空间,通过武术习练,能受到武术所蕴含的哲学思想和为人处世的德行规范的影响,令个人谦逊、勤奋、积极向上。

中华民族传统武术文化中蕴含着不甘屈服、自强拼搏的精神,传统武术流传千古,正是中华民族自强不息的光辉写照。中华武术之所以能够出类拔萃、名扬天下,正是由于代代习武之人的勤奋、刻苦的练习、积极弘扬。奋发图强与自强不息是一个国家和民族强大的重要影响因素。

# 第三节　武术的德育价值

## 一、武术与传统美德

（一）社会伦理中的中华美德

1. 仁爱孝悌

仁爱孝悌是中华民族传统美德中极为重要而又最具特色的部分,是中华民族固有的民族精神。《礼记·中庸》说:"仁者,人也。"意思是说,只有具有仁德的人才是真正的人。

在我国古代,仁德是各个社会阶层所公认的最普遍的道德标准,孔子说:"能行五者于天下为仁矣。""五者"指恭、宽、信、敏、惠。

以孔子为代表的儒家思想家们所提倡的仁爱,是一种大爱,其核心是爱人,爱社会中所有的人。

仁爱孝悌是我国的传统美德的基础,是我国传统文化所蕴含着具有几千年悠久历史的中华民族优良传统,具体体现为讲礼守信、尊师重道、勇敢仗义、舍己从人、坚韧笃实、刻苦求进等优良品质。

### 2. 重义轻利

义利关系问题是古今中外的一个重要社会伦理命题,在我国古代,就对"义""利"的关系作出了辩证解析与伦理选择。

《礼记·中庸》中说:"义者,宜也。"韩愈在《原道》中也称:"行而宜之谓之义。"综合来说,义的基本含义是应该、合宜,具体所指是行为要合宜。孟子说:"生亦我所欲也,义亦我所欲也,二者不可得兼,舍生而取义者也。""义"与"利"之间的正确关系处理,应该是先义后利、以义制利,这种关系处理充分表现了中华民族崇尚道义、不重私利的传统美德。

### 3. 真诚有信

诚信是中华民族所极力推崇的美好品德之一。"诚"有多种含义,如诚实、诚恳、忠诚等,但其核心意义是真实而不虚妄,保守内心的本真,表里如一,不欺人。

"真"是诚的最高境界。《庄子·渔父》中说:"真者,精诚之至也。"真是道家表示自然本体的重要范畴,特指那种达到天人合一的自然本真。在我国漫长的封建社会,在以儒家思想为正统思想的社会体系中,经儒家及其他各家的反复提倡,真诚有信这种道德规范逐渐成为中华民族所普遍尊崇的美德。

### 4. 谦和礼让

谦让,是一种自我认知,我国古代为人要求谦虚,韬光养晦,不妄自尊大,不骄傲自满,遇利能辞让。《尚书》中说"满招损,谦受益",是对个体知礼懂礼的高度概括。

礼,是治国安邦、待人接物的根本所在。在古代,礼是传统精神文化的重要组成部分,是中华民族最重要的美德之一。礼有着非常丰富的内容。

礼制:整个社会的等级制度和伦理秩序。

礼让:整个社会的一种道德规范。

礼仪:具体的礼节仪式。

礼貌:个人在待人接物时所表现出来的道德修养。

(二)传统美德对武术的影响

社会伦理学认为,"德""行"是不可分开的,"德"在"行"中表现。道德作为一种社会意识,具有实践理性。道德只有在实践中得以贯彻,才能发挥规范人的行为,调节人际关系,完善人的本质。武术的思维方式是整体观念影响下的直觉体悟,这就决定了武德是知与行的统一。

中华传统文化对传统武术的发展有着深远的影响,在中华文化影响下,富有特色的中国人体运动文化的养生功法表现形式才得以形成,并使中国浓郁的传统文化色彩在体育武术的不同方面都得以体现。不仅体现在动作、套路上,也体现在思想、道德方面。

我国传统武术中所蕴含丰富的内涵和优良的传统,讲礼守信、尊师重道、勇敢仗义、舍己从人、坚韧笃实、刻苦求进等优良品质,这些品质对养生者的思想、道德、品质等都具有重要的正向影响和导向作用。

# 二、武德教育

## (一)传统武德的内涵

武德,即武术道德,是从事武术活动的人在社会活动中应遵循的道德规范和所应有的道德品质。① "文以评心，武以观德"，这句话充分说明武德在中国武术文化方面的重要地位。

"武德"在我国三千年前就已经出现了，我国是一个非常重视品德建设的国家，尊礼崇德一直是我国传统文化的重要内容，也是中华民族的重要精神核心，受我国传统文化和民族精神影响，武术在其长期的发展过程中，一直以来都十分关注武术健身中和日常社会生活中的道德修养。

传统武德是对习武者在社会生活、拜师择徒、传授武艺、运用武艺等方面的要求。习练武术，追求德艺双馨，"德"即指武德，"艺"指武艺。

我国传统武术中的武德具体表现在"仁、义、礼、智、信、勇"等几个方面。

"仁"——博爱，爱所有人。在一定程度上，人的所有道德意识都被概括在"仁"中。习武者德性的最高境界和最高层次品德追求也是"仁"。人们对"仁"的遵守与实现途径主要是"义"。

"义"——依仁而行的方式与手段，是对人的行为一定要对规范和准则严格加以遵循的强调。

"礼"——源自恭敬辞让，是人们待人接物、处理各种社会关系的主要礼节。传统武术中有一种抱拳礼的礼节。

"智"——明是非。习武者有了武德情操和礼仪规范之后，还应有自觉认识"仁""义""礼"的能力，并确保其落实到实践生活中去，要做到知人伦、辨善恶、明是非。

"信"——诚也，诚信守礼、遵守诺言。习武者要讲信用、信守承诺。

"勇"——仁爱、守义、明礼、知信后，积极采取的行为活动，也就是见义勇为的道德精神。

以武术为内容的武术教育对习武者内得于心，而表现于外的"德行"教育不是一朝一夕的，需要习武者在武术实践中崇德而体

---

① 吴志勇．健身武术．[M]．武汉：湖北科学技术出版社，2007．

道。如在面对社会不良现象和他人需要帮助时,能够见义勇为和热情相助,这就是道德的力量。

从学校武术教育的角度来说,在武术教学中不能只强调武术技术的掌握和武术技能的提高,还要关注学生作为"一个完整的人"的身体与精神的全面协调发展,通过武术道德和哲学内容的学习,使学生学会与他人、与社会、与自然的和谐发展,通过发挥武术教育的价值促进学生养成积极竞争、善于合作、独立自主、仁爱孝悌、重义轻利、谦和礼让、真诚有信的"完整的人""和谐的人"。

武术道德的教化具有广泛影响,无论是学生群体还是大众习武健身者,了解与理解武德,接受武德、武礼教育,习武者多了一份文明,能知礼、懂礼、践礼,提高精神修养。

（二）现代武德内涵

1. 爱国爱民

在我国古代,忠于国家和民族这一优秀传统在习武之人身上得到了鲜明的体现。少林寺歌诀告诫僧人:"罚惩恶歹忠国家,永为民族功绩创。"许多习武之人也都是忠于国家和民族的好汉,如抗击匈奴的李广、抗击金兵的岳飞、驱逐倭寇的戚继光,都是武林爱国爱民的杰出英雄。

新时期,爱国主义教育仍然是学校教育的重要内容,也是社会教育的重要内容。爱国主义是全体人民为实现社会主义现代化建设而团结奋斗的力量源泉,任何时候都不能丢失。

对于习武者来说,热爱祖国、热爱人民是高尚的道德情操,要建立其国家和民族利益高于一切的信念,在学校武术教育中,应重视爱国主义教育在武术教学中的渗透。

2. 见义勇为

见义勇为,是指仁爱、守义、明礼、知信后,积极采取的行为活动。所以,传统武德中所提倡的博爱、明礼、诚信、果敢等高尚的精神品质至今仍值得人们继承。

我国古代习武之人崇尚狭义精神,侠义精神表现在信、义、勇等方面,这种思想道德在世世代代侠客身上流传宣扬。在我国古代,侠客多社会地位低下,不为官方认可,但侠客是正义一方的代表,有着民族大义精神。古代侠义精神表现的主流,就是国家、朋友、职守、承诺、恩仇、名义、道义,凡此种种,都重于生命。我国侠客的狭义精神世代流传至今,并与时俱进,始终与主流价值观保持一致,表现了思想上的正能量。

需要特别指出的是,古代见义勇为是不惜付出生命代价的,在现代社会,我们强调见义勇为,要做到量力而行。学校武术教育中,对见义勇为的提倡和宣扬应建立在确保青少年学生健康发展的基础之上,尤其对于儿童来讲,不能一味地强调"勇",而是应该做到见义"智"为。

### 3. 诚信友爱

我国传统武术对抗搏击讲究"点到为止",而不同于其他国家的抵抗较量必须将一方打倒在地。我国习武之人大都对诚信谦让倍加推崇。

在当前,诚信友爱是社会主义和谐社会建设的一个重要目标。和谐社会的建立对于社会大众的人文素养和道德水平具有较高的要求,而诚信友爱是和谐社会构建对社会大众的基本素质要求。一个诚信友爱的社会是一个社会建立良好的社会关系的基础,如果社会成员之间彼此不信任,不能坦诚相处、友好相处,则这个社会必然是充满了不稳定的因素的,因此,诚信友爱是现代和谐社会的基本发展目标。

具体到每一个社会成员身上,现代人应树立良好的道德观,诚信待人,待人友善,这也正是武术的现代教育观所倡导的武者应具备的侠义仁爱之心的体现。

### 4. 文明礼貌,遵纪守法

武术重礼,在武术习练中,有很多必须要遵守的礼节,如武术展示和对抗前后的抱拳礼,武术对练过程中的"点到为止""以德服人"等,这些都是习武者个人礼貌、礼节的表现,影响着习武者的日常社会生活。

传统社会中,人们主要是依靠社会伦理道德来进行行为规范,武德对个人的行为规范要求是社会伦理道德规范的一个重要组成部分,与社会伦理道德具有非常密切的关系,武德与传统社会伦理道德的许多内容是统一的。

现代社会中,社会秩序主要是依靠法律维护,但是,社会道德也是现代社会精神文明在维持社会秩序方面的重要内容,从传统社会中传承至今的社会美德值得现代人遵守,现代文明社会是必然是法制社会,文明礼貌、遵纪守法是现代人的社会道德和社会规范的基本要求,也是武术的现代武德要求之一。

在社会发展的不同历史阶段,人们对武术教育价值的认识不同,在古代,武术教育是为统治阶级培养人才服务而表现出"重德轻力";近代,武术教育是力图拯救中华民族于危难而表现出"尚武精神";现当代,学校武术教育的价值追求是"人的全面发展"或"人的现代化"。

现代社会中,人具有身体健康、社会交往和精神发展的需要,从武术教育促进个体发展的角度来看,学校武术教育价值表现在对习武者的身体、道德与思想多个方面。当前,武术武德的教育作用成为当代学校教育中很重要的一部分,传统武术的教育作用体现了武术在学校教育中的地位,武德教育是把握社会,实现社会价值而建立的自我约束与精神的自律体系。

# 第四节　武术的美育价值

## 一、传统美学思想与表现

我国传统美学思想充分展现了我国古代先民们对美的追求

与理解,对美的追求不仅仅只限于外在形式,更深入到中华民族传统文化之中。古人对美的认知表现在日常生活、文化、社会规范等各个方面,映射到对待物、对待人、对待自然、对待社会等多个层次中,归纳起来,表现在以下三个方面。

（一）中和之美

在我国古代,儒家思想在整个历史进程中始终具有非常重要的影响,对我国整个社会制度的建立,百姓日常生活的待人接物、为人处世等都有十分重要的作用。在中国儒家思想体系中,"中和"是儒家的最高审美标准,后引申为符合中庸之道的道德修身境界的一种原则。

儒家"中和"思想对于个体来说是一种行为规范,也是一种重要的美学观点,"中和"思想本指中正、平和,不强求,不过度,尊重人和自然的发展规律。

在体育文化中,"中和之美"在中国传统体育运动中表现为人与自身、运动与自然的相互尊重和和谐相处,这与西方体育文化所追求的"超越自我、挑战自我"的竞技体育文化有着本质的区别,是东西方体育文化的巨大差异。

在中国特有的传统哲学智慧的影响下,中国武术也具有要求运动员的道德修养达到"致中"的境界。

（二）协调之美

"协调"即和谐,万事万物都是相互依存的,彼此应该相互和谐地共生共存、共同发展。

在我国传统道教、儒家和佛教思想中,用协调之美来规范人与自然发展、人与社会发展、人与人共同发展都具有十分重要的意义,是我国古人关于人、自然、社会共同发展的一种智慧性探索,儒家强调"人和"即社会美,道家强调"天和"即自然美,佛家强调"心和"即心灵美,这符合传统社会中人们对美的认知,并最终总结得出了"和谐即美"的结论。

在我国古代,整个社会文明发展史中,协调之美所强调和追求的和谐,涉及个人身体发展、德性修养、生产生活活动、与人相处、社会关系建立、社会结构组织、社会文化建设等方面,万事万物协调共生。

我国古代的这种协调之美一直影响着我国世世代代的华夏儿女,在现代社会仍然具有非常重要的启发意义。现代社会所强调的人与自然和谐相处、构建和谐的社会关系,建设具有中国特色的社会主义和谐社会就是协调之美在现代的社会应用。

（三）和善之美

所谓"和善",具体是指和谐的形式与仁善的内容的有机统一。善即"仁",是内在美;和即"协调",是外在美,"和善之美"是内与外的和谐统一。

《论语》中讲"尽美矣,又尽善矣",尽善尽美,至善至美,是中国传统美学的最高境界。

美,体现在个人身上,不仅仅是指身体外形的外在美,还包括个人的道德修养也应是美的,美与善有机结合在一起,共同构成了内在美与外在美的和谐统一,这样的美才是完整的美,才是真正的完全意义上的美。

（四）和合之美

"和""合"二字在我国早有出现,据考证,这二字最早出现在我国甲骨文中,此后在金文中也多有记载。在古文中,"和""合"经常通用,但是又具有各自相互独立的文字含义,具体来说,"和",指"和谐、和平、祥和";"合"指"结合、融合、合作"。"和合"是和谐地结合与融合。

从发展的角度来讲,不同文化、不同民族、不同地区的资源都可能实现彼此的相互影响与相互融合,这种"和合"是解决冲突和争端的重要方式,能实现两种不同的事物、文化、民族等相互吸取各自优秀的内容,来不断地完善和发展自身,最终实现两种事物、文化、民族的共同发展和提高。

"和合之美"是一种整体美,是一种求同存异,是一种自我的完善与发展。

## 二、传统武术的美育价值

传统武术与传统美学之间具有非常密切的关系,在漫长的历史发展过程中,我国古人对于美的理解都纷纷融入到武术文化之中,使得武术文化中包含了许多美的内容。中国传统美学思想的审美特点在传统武术套路、动作、技击、意境、拳理中均有体现。传统武术美学强调和崇尚自然之美,以自然之美为大美;追求艺术的最高理想神韵;强调武术家的人格美等,这些都是传统武术美学思想的直接体现。

传统武术具有很高的美学价值,传统武术的美,能有效地提高习武者对于不同形式的美的感知能力、欣赏能力,创造能力。传统武术的美的体现及美育价值主要表现,在以下几个方面。

(一)武术神韵美

"韵者,美之极。"在我国传统美学思想中,有较多的人都把"韵"这一美的特殊术语运用在对美的理解上,对于美,韵是一个很难拿捏的表达,但正是这一不可言传只可意会的美,才是真正把握到了美的精髓。

有人将美的韵概括为"超然于世俗之外的节操、气概,从而表现出神态、风度"。[①]"神韵"是武术运动,也是生命运动的一个极为重要的特征。

武术基本动作和基本功习练中,关于节奏和神韵形态,有"动如涛,静如岳,起如猿,落如鹊,立如鸡,站如松,转如轮,折如弓,轻如云,重如铁"的要求,这正是在动作神韵中蕴含动、静、快、慢、

---

① 马艳.论传统武术的教育价值[D].山东师范大学,2008.

刚、柔等节奏,体现出美感。

（二）武术意境美

"意境"是一种思想情感方面的表达,在文艺作品中,"意境"是一种艺术境界,在武术中,意境是一种功法技法体悟,是对武术习练的一种形神兼备的要求。

在我国传统武术中,武术意境美表现在以下方面。

首先,武术意境美表现在要求武术动作所应表现和表达的情感上,司马迁言:"形者,生之具。""神者,形之本。"形是神之舍、形是载神之车,武术的"八法"即手眼身法步,精神气力功,不仅仅是要求武术动作练习要做到位,达到一定的速度和幅度,更重要的是习武者在动作完成过程中要投入情感,做到以形传神。

其次,武术意境美表现在套路流畅的演练过程中,有较高的武术造诣的人能从一整套的武术动作练习中,观察出习武者的动作所表达的故事情节与情感。武术套路动作融合了演练者、编创者的情感、精神,通过艺术加工与创编,实现情境交融,情技交融,神形交融。武术大家蔡龙云先生就曾说,武术套路演练是对战斗场景的艺术再现。

最后,武术动作技法的命名,将武术意境美更加直观和直接地表达出来。在武术动作技法中,有许多动作都是从大自然界吸取灵感创作而成,这些动作有对动物行为的模仿,有对事物变化的总结概括,有对美好发展变化的追求和期许,如"苍鹰捕食""大鹏展翅""白猿献果""猕猴攀枝""金鸡独立""白鹤亮翅""仙人指路""神龙摆尾""一步升天"等。

总之,武术意境是以尚"道"重"意"的我国传统民族文化心理的重要表现,其虚实结合,情景交融,将现实中客观具体实象（境）与武者对实象的主观感受和思想感情（思）相融合,是超越实象的虚象表现。①

---

① 鲁勇,方汝辑.情动于中而形于技——武术套路"意境"与中国传统文化[J].运动,2011(08):152＋69.

（三）武术技击美

传统武术拳种众多，动作千变万化，但都是源于目的的实现而引起的愉快，即掌握了攻防格斗技术而引起的精神愉悦，这是最初的审美萌芽。

传统武术从最初的生产劳动需求发展到满足人们的身心健康发展需求、社会交往的需求，武术内容不断丰富，武术运动从人与兽、人与人的毫无章法的搏击，逐渐开始有了套路演练，这种套路演练能使习武者形成动作反应，在与人与兽的对抗中能够做到迅速、有效的反应并能一招制敌。

武术对抗搏击在技法上是对实战的一种演练，但由于实用技击有着不同，经历代武术家将其攻防格斗的技艺加以进一步的提炼、概括、加工和程式化，最终形成稳定的套路形式，使其既具有"技击"的特点，又符合生命运动规律，武术动作组合和套路习练中，积淀了世代习武者对技击的思考，是集体的关于技击的智慧结晶，在演练过程中展现力量、灵巧、勇猛、坚强等，一招一式都能给人以视觉冲击与运动审美。

（四）武术精神美

传统武术精神美表现在武术武德对人的教育方面。

通过对传统武术精神美内涵的研究，归纳起来，传统武术的精神美主要体现在"仁、义、礼、信、勇"五个方面。

传统武术传习，师傅择徒要求很高，不仅要观其身体条件，还要观其人品。现代社会，武术教育不仅要提高学生的身体素质，更要重视对学生的武术道德、精神教育的培养，培养心理健康、人格完善的全面型人才。

武术美是内在美与外在美的结合、是局部美与整体美的兼容，表现在微小的举手投足、待人接物中，其超越了"体育"的艺术范畴，是民族精神要求和精神美的浓缩。

总之，武术的美学特征建立在中华民族传统文化基础之上，是一种运动美与修养美的有机结合的特殊美学表现,通过传统武术的文化学习、运动参与、观摩欣赏,都能使武术运动直接参与者和间接参与者对传统武术美有更加全面、深刻的认知,通过系统的武术教育,可以有效提高个人的审美、鉴赏美、追求美和创造美的素养与能力,这正是武术教育的重要美育价值所在。

# 第三章　传统武术文化的内涵与新时代武术文化的使命

　　武术是一种体育运动项目,也是一种社会文化形态与文化现象,武术从产生到发展至今传承千年,其经历了漫长的演进与发展过程。武术与我国传统文化共生共存,相互影响、相互促进,彼此借鉴吸收共同发展进步。中华民族传统文化博大精深,武术文化是其中非常耀眼的文化瑰宝,是中华民族的智慧结晶,是中华民族的重要文化符号代表,也是世界优秀民族文化。在世界多元文化共存的现代社会,文化力作为各个国家与民族展现自我实力的重要竞争力,是各国竞争的根本。武术作为我国优秀民族文化,我们应对武术文化在世界多元文化中的地位有足够的自信,并持续不断地推广武术文化,对内通过传承武术文化培养全面发展具有较高文化素养的社会接班人,对外不断提高国家和民族的影响力,这就是新时期武术文化教育传承与推广的重要意义。本章主要从文化内涵、文化自信、文化教育性三个方面对武术文化进行深入研究,以期帮助人们更加全面、深入认识武术文化,建立武术文化自信,从武术文化学习中受益。

# 第一节　中国传统武术文化的内涵与特点

## 一、武术文化的体系

### (一)武术文化的基本形态

我国传统武术与中国传统文化有着非常密切的关系,武术演变与发展过程中广泛汲取了不同文化的重要精髓,不断进行自我完善与丰富,最终形成了结构完整的武术文化体系(图 3-1)和丰富的武术文化形态。

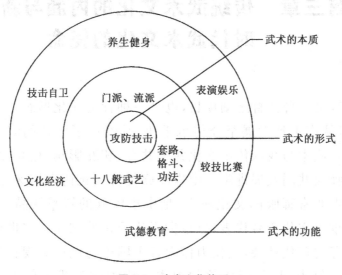

图 3-1　武术文化体系

武术是一种特殊的文化形态,它是我国传统文化的重要组成部分,是一种独立的关于武术运动的文化体系,能全面反映中华民族精神和中国传统文化精髓,武术与天人合一、阴阳、八卦、五行等哲学思想紧密融合,与传统中医、传统宗教、传统艺术相互渗透,并浓缩了中华民族的刚健有为、诚信友爱、爱国爱民等核心精神内涵,武术文化形态是多层次的,武术文化在武术本质、武术形式、武术价值中均有体现。

(二)武术文化的基本结构

武术历史悠久,在长期的历史发展过程中,通过与不同文化形态的接触,吸收了各文化形态的优秀内容,得到了其他多元文化的滋补、丰富和延伸,这为武术文化体系的构成奠定了基础。

武术内容丰富,流派众多,在儒、佛、道文化的影响下,以儒学为主要统领,以道家养生文化和哲学观为重要影响,形成了少林派和武当派,构成了武术的二元主体结构(图 3-2),三维主体结构

（图 3-3）。①

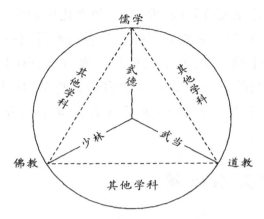

图 3-2　中国传统文化影响下的武术文化

　　在武术文化体系形成过程中,以儒、佛、道三种主体文化为根基,同时,受其他文化的影响和渗透,形成了武德、少林武术道德规范、武当武术道德规范,武德与少林派和武当派的武术道德规范又相互影响,如少林武术的产生和发展,离不开戒约(武德)的作用,武当武术的形成与发展,离不开戒律(武德)的作用,同时,少林武术与武当武术也极大地丰富了武德内容。

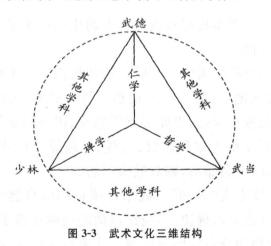

图 3-3　武术文化三维结构

---

　　① 蔡宝忠．武术文化——中国武术文化基因的构成[M]．太原:山西科学技术出版社,2015.

儒、佛、道文化是我国传统文化的主体文化,对武术文化产生了重要影响,但是究竟是儒、佛、道三种文化中的哪些具体文化内容对武术文化产生了重要影响呢?学者们经研究一致认为是儒、佛、道三种文化的仁学、禅学和哲学内容,在此影响下,"仁学"向武德的渗透、"禅学"向少林武术的渗透、"哲学"向武当武术的渗透,武术文化不断丰富并形成了具有独立的文化特色的文化体系。

## 二、武术文化的内涵

### (一)武术与传统哲学

#### 1. 武术与"天人合一"思想

"天人合一"思想是我国古代重要的哲学思想,其对我国后世产生了非常重要的影响。"天"指"自然","天人合一",指"天人一致"和"天人相应",简单来理解就是要尊重自然规律,与自然和谐相处。

"天人合一"哲学思想对我国古人的生活产生了重要影响,表现在以下几方面。

(1)习武要讲究"天时、地利"。清代杨氏传抄太极拳谱中说:"乾坤为一大天地,人为一小天地也。"练习武术,人应顺乎自然,服从大自然的变化规律,以此来求得物我、内外的平衡,达到阴阳平和。习武要注重人体和四时、气候、地理等外在的自然环境相协调,若逆天时地利而动,则对健康不利。

(2)习武要重视"人和"。武术习练在顺应自然规律的同时,还应尊重自身的发展规律,不能在运动的同时违背了身心发展的规律,自然规律和身心发展规律都是武术习练应该遵守的运动基本规律,习武的过程就是寻求自我和谐以及与自然和谐相处的过程,与自然的和谐相处能最大限度地激发身体的能量,促进身心的健康发展。

（3）习武要求人与自然和谐共处、相互促进。在武术习练过程中,尊重自然与尊重自身并不矛盾,因为人也是大自然的一个重要组成部分,生存于大自然环境中,从大自然获得生产生活资料,各种社会活动的开展离不开大自然的环境。因此,人的任何活动都要做到"象天法地、师法自然",意思就是说,要尊重自然、善待自然,从大自然中吸收营养,来壮大自己,使自身能更好地生存下去,能更好地与自然和谐相处,从而获得更多的营养,这是一个良性循环的过程。这就是我国古人与自然相处的智慧所在。

人与自然和谐相处,实现"天人合一",这一传统哲学思想被古人应用到多个方面,包括武术习练。武术大家们总结习武应做到"心与意合,意与气合,气与力合;肩与胯合,肘与膝合,手与足合",结合人体的运动规律进行练习,这是实现运动与自身的和谐相处,而身体的运动又应该与周围的环境和谐相处,从自然吸取对人有益的事物,如模拟自然界中各事物、动物的动式、姿态、神情、表现,吸取自然精华促进自身发展,并实现人与自然的和谐发展。

## 2. 武术与"形神统一"思想

"形神统一"的哲学解析具体为"形为神之本,神为形之用",二者相辅相成、对立统一。这一思想最早是我国古代唯物主义哲学家荀子和范缜探讨"形""神"关系提出的哲学思想。

在形神统一哲学思想的影响下,"形神兼修"成为武术的重要练功原则和特点,对于习武者来说,"形神兼备"是习武的重要要求,"形神统一"是武术习练的最高境界。具体来说,要达到"形神统一"应做到以下几点。

（1）武术动作形态的重要性。武术习练对于动作的标准性具有一定的要求,如果武术动作不标准,不仅会影响美观、影响技击效果,还有可能因错误动作而导致身体不平衡或者肌肉受力不均导致摔倒受伤或者直接引发损伤。

鉴于武术形态的重要性,习武者应在武术动作和技法习练中追求动作形态美、标准化。武术习练首先要达到"形"的要求。

在做到武术的"形"的基础上,应重视蕴含于"形"中的"神"的要求,以实现"形"与"神"的统一。

武术的习练重视形神的统一是非常重要的,武术动作和套路习练都不只是动作的模仿,必须充分认识到,武术运动并非机械地肌肉运动,它讲究"以意领气,以气催力",讲究意、气、神与力的结合,讲究形神兼备,这是武术习练的最高境界。习武者应学会领悟武术动作中所包含的拳法技理、掌握武术的神韵,如此才能真正通过武术动作的习练实现健身、养生、技击等效果。

(2)体悟武术动作神韵和精神内涵的重要性。就武术动作习练所强调的内与外的要求而言,"形"是外在的具体运动形式,"神"指内在的精神内容。从传统武术技术动作来看,"形"指手、眼、身、法、步等有形的武术动作特征,神指心、意、胆等无形的心理品质和气质;就人体构成来看,"形"是指习武者的身体,包括五官、躯干、四肢、筋、骨、毛皮等,"神"是指习武者的精神、意识、思维等心理活动。

传统武术习练,应内外兼顾、形神兼修,如果只重视"形"不重视"神",则武术习练无疑就成为了花架子,如果只重视"神"而忽略"形",则只能是纸上谈兵,武术运动效果最终还是要通过身体的切身参与来实现的,因此,"形"与"神"都非常重要,二者缺一不可。

## 3. 武术的阴阳思想

《周易》称"一阴一阳之谓道",《素问·阴阳应象大论》说:"阴阳者,天地之道也,万物之纲纪,变化之父母,生杀之本始。"阴阳思想是我国古人认识大自然、认识事物发展的重要哲学思想,阴阳思想认为,"阴"和"阳"是一对对立统一的矛盾体,阴阳规律是自然界固有的规律,世界是阴阳运动的结果。

阴阳思想所阐述的道理是自然界以何种形式存在、在变化中保持着怎样一种关系。阴阳思想认为,自然界的一切事物都包含阴阳两个方面,而且这两方面是相互对立与相互制约的关系。例如,天地、水火、上下、左右、动静、男女等都是对立统一的两个方面。彼此相互制约,使得自然界保持着一种相对稳定的状态。当阴、阳任何一方面出现过剩或有损时,事物发展就会失去平衡,进而产生问题。此外,事物对立的两方,阴阳可以相互转化,"物极必反"就是这个道理。

传统武术与阴阳思想联系密切,阴阳的相互根生、消长、转化等常常被用来解释武术中技法技巧和拳技理法。具体分析如下。

(1)动作的阴阳变化。以武术名家的经验来说,阴阳对立蕴含在每一个武术动作之中。说得简单点就是某些部分增强,就势必会造成某些部分减弱,反之亦然,这就是阴阳之间的消长。

(2)攻防的阴阳变化。根据传统武术"顺阴阳而运动"的原则,不论何种拳术,都要维持体内的阴阳平衡,所以各种拳术都要"气沉丹田"。

武术的技击运动中也蕴含着阴阳思想,无论是防守还是进攻都离不开阴阳的变化。春秋末年"越女"论剑:"道有门户,亦有阴阳,开门闭户,阴衰阳兴。"即用阴阳变化解说攻守制胜之理。武术搏斗中,也讲究长兵器要能短用,短兵器要能长用,强调进攻要注意防守,防守中要伺机进攻,做到攻防兼备。

(3)技法变化的阴阳互制。阴阳对应依存,由此衍化出一系列概念,如动静、刚柔、虚实、进退、攻守、内外、开合等,这些原理被广泛用于我国武术的各个拳种之中,构成了中国武术丰富、多彩的技击原理与方法。

太极运动中的许多技法动作都表现了阴阳的相互影响和制约作用。

### 4. 武术的太极思想

"太极"一词最早见于《周易·系辞上》,文中记载:"易有太极,是生两仪。"认为"两仪即阴阳,太极以阴阳为内涵,衍生万物"。南宋著名理学家朱熹认为："总天地万物之理,便是太极。"

太极图是表达太极之理的重要形式(图3-4),太极图中,黑色为"阴",白色为"阳"。黑白相依,相抱不离。白鱼黑眼代表"阳中有阴",黑鱼白眼则代表"阴中有阳",充分表现了万事万物都是相辅相成、相互渗透、共存共生,同时又彼此不同。太极思想是中国古代哲学思想的大成。

图3-4 太极图

太极思想对我国古代辩证地看到事物的构成和事物的变化具有重要的指导和启发意义,正所谓"凡事并非非黑即白",事物的产生、发展、变化都与外界、自身内部各种对立统一的关系有着非常密切的关系。这种智慧的哲学思想应用到武术当中,直接促进了武术太极拳的产生。太极拳可以说是武术太极思想的集大成者。

在武术内容体系中,太极拳是太极思想应用于中国传统武术的重要动作体系,太极拳的技法拳理都包含了丰富的太极思想内容。

太极拳大家认为,太极是世间一切的原动力,任何事物的发生、发展都蕴含着太极的变化,宇宙中有太极,人体亦有太极,有人称人身的腹部即为太极,故《太极十三式歌》称:"命意源头在腰隙,刻刻留心在腰间。"

太极拳的动作形态练习与太极图所表达的太极思想是一致的。如太极图中的双鱼环绕,恰似练习者在习练太极推手时相互双搭手的形态。练习太极拳的过程中,攻守双方臂膀环状,你进我退,沾连粘随,再现了阴阳相互消长、变化之道。

太极拳的拳风也充分展示了太极思想的你中有我,我中有你,相互制约、共生共存,太极拳动作圆活,招招式式不离圆弧形,动作之间圆转连贯、一气呵成,更体现了太极之理。

5. 武术的八卦思想

八卦学说历史悠久,是一门庞大的思想体系,由太极衍生而来。有"无极生太极,太极生两仪,两仪生四象,四象生八卦"之说。八卦图衍生自中国古代的《河图》与《洛书》,传为伏羲所作。《河图》演化为先天八卦,《洛书》演化为后天八卦。八卦各有三爻,八方象征八种事物与自然现象(图3-5)。

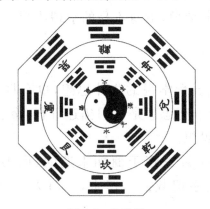

图 3-5　八卦图

八卦学说是一种朴素的唯物论和辩证法。古人认为,宇宙是一个整体,万物在其中相互关联,共生共存。八卦学说阐述了世界上的万事万物之间的联系,指出事物的生长状态,彼此之间的关系,各自的生存与发展规律,并根据这种规律性推测事物的发展和走向,把事物的发展归纳为各种矛盾的和谐共生与递进发展。

八卦思想影响着古人对万事万物的认知,也影响了古人的武术思想与武术习练,八卦思想对武术技法练习的重要影响集中体现在八卦掌上。

八卦掌,原名转掌,与八卦学说有着紧密的联系,其运动形式主要是经过八卦的八个方位绕圆走转,以人体各部位比对八卦,故称"八卦掌"。八卦掌取象于数理,立体于八卦,以六十四掌比附八八六十四卦。

八卦掌的理论依据为"易理",是解释八卦图形含义的基本理论,包括以下三种基本思想。

简易——简单明了,八卦掌的基本运动形式是左右沿圆绕走,掌法变化也是将攻防融于沿圆走转,拳法简单。

变易——八卦掌运动过程将沿圆绕走和攻防融为一体,以"以动为本,以变为法",使拳法招式像天体运行一样,攻守之间的不停走转,周而复始,没有中断。

不易——"动静有常",八卦掌根据天地间万物万象始终变化的规律形成了八卦取象、取身不易的拳理法则。

### 6. 武术的五行思想

五行思想,是五行学说的主体思想,也有将五行思想代指五行学说,但实际上五行思想是专门描述五行(金、木、水、火、土)相互之间的关系的思想。

五行学说最早被发现于商朝末期的《尚书·洪范》中,《尚书·洪范》中有文字记载:"一曰水,二曰火,三曰木,四曰金,五曰土。"

古人观察和探索世界,并探索和掌握事物发展的规律,古人认为万事万物可进行归类,因此,古人用类比法将万物进行归类(表 3-1),这有助于更好地归纳和了解世界,只要把握了五行的变化规律,则就可以解释世间的一切变化并预测其发展变化。因此说,五行学说是古人认识世界、解释宇宙事物变化的一种学说。

五行思想解释了五行之间的具体关系,阐述了万物存在和发展之间的相生相克的关系。

相生——木生火,火生土,土生金,金生水,水生木。

相克——木克土,土克水,水克火,火克金,金克木。

表 3-1　五行属性表

| 五行 | 人体 | | | | | | | 自然界 | | | | | |
|------|------|------|------|------|------|------|------|------|------|------|------|------|------|
| | 五脏 | 五腑 | 五官 | 五体 | 五志 | 五藏 | 五声 | 五方 | 五时 | 五化 | 五色 | 五味 | 五气 |
| 木 | 肝 | 胆 | 目 | 筋 | 怒 | 魂 | 呼 | 东 | 春 | 生 | 苍 | 酸 | 风 |
| 火 | 心 | 小肠 | 舌 | 脉 | 喜 | 神 | 笑 | 南 | 夏 | 长 | 赤 | 苦 | 暑 |
| 土 | 脾 | 胃 | 口 | 肉 | 思 | 意 | 歌 | 中 | 长夏 | 化 | 黄 | 甘 | 湿 |
| 金 | 肺 | 大肠 | 鼻 | 皮 | 悲 | 魄 | 哭 | 西 | 秋 | 收 | 白 | 辛 | 燥 |
| 水 | 肾 | 膀胱 | 耳 | 骨 | 恐 | 志 | 呻 | 北 | 冬 | 藏 | 黑 | 咸 | 寒 |

这里以武术代表拳种形意拳、五行拳为例，来阐述五行思想在传统武术中的影响和运用。

形意拳，有"形意合一""内外同化"之效，在拳法中突出"阴阳五行生克制化"的变化规律。形意拳动作技法中蕴含了丰富的五行思想，形意拳拳理指出"劈拳属金、崩拳属木、钻拳属水、炮拳属火，横拳属土"，各个拳法动作之间相生相克，正是五行相生相克思想的重要体现。

五行拳，直接以"五行"命名，根据五行学说划分人体结构，各种拳法对应人体脏腑，与人体生理功能建立联系，如"钻拳属水，其气和则肾足，气乖则肾虚；炮拳属火，其拳顺则气和虚灵"。五行拳有"形意合一""内外同化"的技法特点，拳法相生相克，体现出五行拳中的五行运用。

（二）武术与传统中医

从传统武术诞生的文化基础来看，传统中医是传统武术的重要文化基础，传统中医理论与传统武术技法理论在思想内容方面，具有一定的相通性。具体表现在，我国传统武术与传统中医对于人体的认识是基本一致的，并且都建立在五行思想、阴阳思想的基础之上，对人体的变化和不同运动形式进行研究，以促进人体的和谐、统一发展。

1. 一致的哲学思想

传统武术、传统中医都是我国的传统文化,在这两种文化形态形成之前,传统哲学思想为这两种文化的正式产生奠定了思想基础。我国古人正是通过对身体的哲学思考和探索,才逐渐产生了传统武术与传统中医,因此,传统武术和传统中医学中都蕴含着丰富的哲学思想内容,许多技法拳理和中医理论都包含了阴阳辩证思想和五行学说内容。具体分析如下。

(1)武术与中医中的阴阳思想。中医认识到人体结构和生理活动变化,以阴阳变化之理来解释,中医认为,人体的部位有阴阳之分,一般而言,内部为阴,表面为阳。下面为阴,上面为阳,五脏为阴,六腑为阳。五脏之中又有阴阳之分,肾、脾及肝为阴,肺与心为阳。从人体的四肢及腹背部来说,四肢内侧为阴,外侧为阳,腹部为阴,背部为阳。在中医学看来,人体疾病的产生往往是由于阴阳失调造成的(表3-2)。要想使人体一直处于健康的状态,就必须保持人体的阴阳平衡。

表3-2　中医阴阳病症症候

| 病症症候 | 阴阳关系 | 表现 |
|---|---|---|
| 虚性症候 | 阳虚 | 阳虚,不能对阴形成制约,阴就会出现相对偏盛的情况,从而导致寒象的出现,故"阳虚则寒" |
| | 阴虚 | 阴虚,不能对阳形成制约,阳就会出现相对偏盛的情况,从而导致热象的出现,故"阴虚则热" |
| 实性症候 | 阳盛 | 阳盛是由阳邪气导致的病变,热是阳邪气的主要特点,故"阳盛则热" |
| | 阴盛 | 阴盛是由阴邪气导致的病变。寒是阴邪气的主要特点,故"阴盛则寒" |

武术内容体系中,动作和拳理技法也讲究阴阳的对立统一,强调内外合一,以内助外,以外促内,内外兼修、阴阳平衡。

传统阴阳思想认为,阴阳是相互制约,此消彼长,并始终处于一个相对平衡的状态中的,如果阴阳中的任何一方过盛或者过度损耗,都会导致身体内环境的不平衡,如此就会导致身体处于一个不健康的状态,这个状态下如果机体的阴阳不能得到进一步的调整使其二者恢复平衡,就可能进一步引发疾病的产生。换句话说,根据阴阳的运动变化,人体才会处于相对平衡协调的状态,才能推动事物正常变化和发展,打破了阴阳平衡规律,自然平衡就会被破坏掉,就会产生疾病,中医养生与武术健身作用于身体,就是通过身体活动来调节机体的阴阳平衡。

(2)武术与中医中的五行思想。五行与阴阳是中医解释人体的重要学说和思想基础,针对人体的各个部位、器官,将其与五行一一对应,并得出了身体各部分之间的相互影响、相互制约的关系。五行学说构成了中医辨证、看病的基础理论,中医讲究通过对五行相生相克来解释人体五脏、五官、五味等的相互关系,通过气血调整、经络疏通,来实现"扶正祛邪",预防和消除病痛。

在武术文化体系中,五行是武术的重要理论基础,具体在前面已经详细介绍,这里不再赘述。

可以说,无论是武术还是中医,二者对于五行学说的应用都是将其作为自身的重要理论基础,都是善于合理地运用五行相生的原理,通过相生相克的规律来看病施药、进行身体练习,并最终实现身体的健康。

## 2. 相同的辩证方法

传统中医和传统武术都是在传统哲学基础上诞生的传统文化形态,人们在关于人、自然、世界的认知方面,首先是通过早期哲学思想进行认知的。对于传统中医和传统武术来说,是古人认识身体、发展身体的智慧结晶。在辩证方法方面,对传统中医和传统武术有相同的辩证认知,具体表现如下。

(1)辩证法。传统医学是在唯物主义元气论的哲学基础上建立起来的,具有鲜明的整体综合观与阴阳辩证观,认为"精""气""神"为人体三宝,三者一体、互相依存、不可分割;传统武术也以元气学说为思想基础,指出武术学练应实现形神合一、内外兼修。

（2）整体观。传统医学讲求从整体上观察病症并进行医治,要顾全人体大局。武术理论中有"六合"理论,即"内三合"（心与意合、意与气合、气与力合）与"外三合"（手与足合、肘与膝合、肩与胯合）,此与传统中医的整体观在本质上的统筹兼顾是一致的。

（3）价值观。人的健康发展,包括人自身的发展、人与自然的和谐发展、人与社会的和谐发展,追求"和谐"是人与人类社会发展的根本。

在人类社会的发展过程中,产生了各种各样的丰富多彩的文化,包括传统中医文化与传统武术文化,这两种文化是人类社会发展过程中所产生的优秀的文化,其"优秀"之处就表现在促进了人、自然、社会的可持续发展,并实现了人、自然、社会之间的和谐发展。无论是传统中医还是传统武术,它们都追求自身的和谐统一、追求人与自然的和谐统一,传统中医和传统武术都讲究机体与大自然的和谐统一,中医注重结合病患实际情况和客观气候、环境等辨证施药;武术则讲究结合天时地利进行功法、技法练习,追求人的身体的内外兼修,追求万物和谐统一并存、发展。

（三）武术与传统宗教

宗教与武术联系紧密,佛教和道教对中国传统文化结构中的每一个子系统（包括武术）都产生了深刻影响,与我国武术的关系密切,在一些武术拳种缘起故事中有着深刻的文化渗透。

1. 武术与原始宗教

原始宗教,它是原始社会时期的宗教形式。

早期人类认知有限,不了解大自然的变化和各种规律,从大自然获取生存生产资料,对大自然"心生敬畏",人们将自然界威力神化,崇拜神灵。之后,人们开始思考生老病死,探索生命存在与发展的奥秘,供奉死去的先人。对想象中的自然界神灵和已去世人的鬼魂、转世等宗教思想,使得人们通过举行宗教祭祀仪式,祈求神灵和先人保佑。

在原始宗教祭祀活动中,武舞是一种重要的祭祀活动,之后演变成为一种身体练习,并为武术的套路形成奠定了形式基础。

### 2. 武术与道教

(1)道教养生观。道教是中国的本土宗教,在我国民众间的影响是非常大的,其对传统武术的健身养生思想、拳理技法的形成也奠定了良好的思想基础。

道家注重养生,中国道教是完全接受"天人合一"思想的宗教,道教把老子和庄子这些哲人的思想进一步神圣化和世俗化。《老子》一书被奉为《道德经》,老子本人也被奉为道教最高神祇的"三清"之一"道德天尊"。

道教作为我国本土宗教,其根植于我国传统民族文化,对武术文化的发展具有非常重要的影响。道教文化以老子和庄子的思想为基础,强调"我命在人不在天,还丹成金亿万年",无疑,道教更加重视自身现世的发展,不祈求来生。

道教主张通过精气神的修炼达到长生不老的思想对中国传统武术产生了影响,使其把击技卫身和养生长寿有机结合在一起,体现了武术的健身养生保健价值。

(2)道教养生对武术的影响。传统武术在产生之初,其对于拳理的思考参考了许多道教思想,无论是在技法理论还是在东方习练方面都吸取了道教文化和思想的精华。道教的教理教义和修持方法,还有天人合一的思想境界,这些对武术的影响就要深刻得多了。道教对阴阳、八卦、五行等哲理研究,对人与天地万物价值与联系探索,使武术哲学理论更加完善。

在对于健身养生的追求方面,传统武术与道教思想是一致的。传统武术中的许多功法练习都是为了调理身心,以期实现身心的平和与持续发展,减少日常的各种损耗,以便于养精蓄锐、益寿延年。"气聚丹田""运转河车""凝神入穴"等道家内丹修炼术语,在武术中的许多拳法理论中均有所体现。此外,道教"贵生""全生""重今生"的养生观对武术生命文化的研究产生了深刻的影响,其突出生命延续的作用和价值,弱化技击对抗功效,为形成独特的内家拳派体系创造了条件。

道教文化与我国传统武术中的优秀代表项目太极拳之间也具有密切的联系。道教文化重视养生,而太极拳的产生和发展过程中,都表现出了对养生的重视,并以道家的技击卫身思想为基础,重视功法练习的养生作用。

(3)武术拳术中道教思想的集大成者。形意拳是典型的道教思想影响下产生发展起来的传统武术文化和项目,形意拳的拳理来自道家文化,其技法理论充分显示了道教武术文化的技击卫身思想,而非主动出击。在养生方面,受道教影响的形意拳能够很明显地反映出养生思想。形意拳强调的三层功夫,更在拳论中明确指出来自道家。形意拳中的技法理论均以道家的技击卫身思想为基础,重视功法练习的养生功效。

太极拳是典型的道教武术项目。道教思想影响下的太极拳重视人与自然的和谐,太极拳拳理奥妙,发展为陈、杨、吴、孙等数家流派(表3-3),虽然运动形式有所不同,但是在拳理上都不主张攻击,主张顺其自然。

表3-3　太极拳流派

| 流派 | 创始人 | 特点 |
|------|--------|------|
| 陈式太极拳 | 陈王廷 | 显刚隐柔,刚柔相济,动作螺旋、缠绕,手法多变,快慢相间 |
| 吴式太极拳 | 吴鉴泉 | 以柔化著称,轻松自然,连绵不断,拳式小巧灵活,不显拘谨 |
| 杨式太极拳 | 杨露禅 | 舒展简洁,动作和顺,绵绵不断,结构严谨,中正圆满,轻灵沉着,浑厚庄重 |
| 武式太极拳 | 武禹襄 | 姿势紧凑,动作舒展,步法严格,虚实分明 |
| 孙式太极拳 | 孙禄堂 | 进退相随,舒展圆活,开合相接 |

3. 武术与佛教

（1）佛教戒规与武德。佛教自东汉传入中国，在魏晋南北朝蓬勃昌盛，隋唐时期达到发展的顶峰。佛教传入中国初期，只是在中上层社会流传。由于汉代方术盛行，所以，人们只是把佛教看成是神仙方术的一种。到了魏晋，佛教经典才被大量翻译过来。

佛教对武术文化的影响涉及很多方面，包括武术的运动形式、武术理论、技术战术、内功修炼以及思想精神等，如佛教的普度众生、慈悲为怀及五戒等对习武者的武德、武风具有重要的指导意义。

佛教的神秘性为少林武术的传播起到了精神支柱作用。少林武术是佛教文化与中国武术文化结合的一个典型。佛教禅宗文化渗透到武术文化之中，成为少林武术技法原理的重要内容支撑。

佛教精神、教义、戒律等对少林武术的武德、武风、武技的形成与发展也具有重要的指导意义。

（2）佛教与武术的运动结合——少林武术。隋唐时代，佛教随着政治、经济的繁荣和发展，达到顶峰阶段。此后，佛教精神及其人物融入民间，使其具有东方式的特殊教派。佛教为中国武术涵容其精神准备了基本条件，其中，最为典型的为少林武术。

少林武术历史悠久、内容丰富，在长期的发展过程中，逐渐形成了多个流派，如"三大家""四大门"（表3-4），并有南北少林的区分。

少林武术是从地处中原的佛教禅宗祖庭——嵩山少林寺发源而来的，在漫长的历史发展进程中，少林寺以其独特的、稳定的、延续性的政治地位和经济基础为少林武术的生存和发展提供了优异的环境保障。

少林武术又以其独特的功能和影响为佛教的传播起到了积极的促进作用。主要体现在武术传播方面，以少林僧为代表的佛教徒,如僧稠、志操、昙宗等,为丰富少林武术技法和促进少林武术的发展起到了积极的促进作用。

表3-4　少林武术门派分类

| 武术门派 | 北派少林拳 | 南派少林拳 | 三大家 | 四大门 |
|---|---|---|---|---|
| 说明 | 劈挂拳、通背拳、孙膑拳、查拳、螳螂拳等 | 南拳五大家:洪家拳、刘家拳、蔡家拳、李家拳、莫家拳;周家拳;蔡李佛拳;白眉拳、飞鹤拳、龙形拳等 | 红家少林孔家少林俞家少林 | 大圣门罗汉门二郎门韦驮门 |

少林武术作为我国传统武术文化的一个重要代表,作为武术与佛教的一个重要文化结合,其发展能有效促进我国传统武术与佛教的共同发展。新中国成立后,我国强调传承与发展传统体育文化的重要性,在促进武术发展方面,先后成立武协保护和推广少林武术。为了促进武术的发展,将其列为1959年第1届全运会正式比赛项目。1994年,武术成为亚运会正式比赛项目,我国传统武术走上世界体育发展舞台,2006年,少林武术被列为"非物质文化遗产"。现阶段,少林武术闻名世界,成为中国武术文化的重要文化符号和标签。

(3)禅武合一。佛教思想与武术技击术的融合,使得少林武术运动形式、技法理论、功法修炼都具有了"禅"的神秘色彩。

因此,少林武术具有浓厚的宗教色彩,与此同时,少林武术在禅宗哲学方面也受到了较为深远的影响。中国传入印度佛教文化后,与玄学文化相互交流,相互融合,二者融合的结果就是禅宗。

"禅"和"武"是两个截然相反的形态,其中,静是禅的主要特征,动则是武术的主要特点。禅心运武、透彻人生、内心无碍无畏,这些寓理都使得少林功夫的内涵得到了进一步的丰富,使本质上属于暴力和攻击行为的"少林功夫"和宣扬"大慈大悲""积德行善""坚决反对杀生行为"的佛教产生了一定的联系,同时,也对少林功夫的技术风格产生了直接的影响。

"禅拳合一"练功法是少林僧徒在长期面壁坐禅时创造出来的,动与静结合的一个典型就是少林僧徒日日必修的面壁作禅,并成为僧人修习少林功夫的目标和理想境界。

少林僧人的禅修是修行,从武术上来说,其是一种练功方法。禅武合一、动与静结合是少林僧徒习武修身的重要修行特点。

(四)武术与传统艺术

1. 武术与舞蹈

我国舞蹈自创始之初就与武术结下了不解之缘。古代的"舞"与"武"交融,舞中行武,舞中现武,舞中存武。有许多"舞"的形式,是武术和舞蹈共同文化源头。

"武舞"是早期武术与舞蹈的一种交融,它既能表达思想感情、具有娱乐性,同时也有着习武健身的实用性,"武舞"的动作组合与武术套路有许多相同之处。

在我国古汉语中,"舞"与"武"是通用的,"武、舞古同字,武即舞也"。据说,在远古阴康氏时,洪水泛滥,"水道壅塞,不行其原",人们受了阴冷潮湿,"筋骨瑟缩不达","民气郁瘀,故作舞以宣导之"。这里的舞是指伸展人们的筋骨,使人们恢复健康的一种活动,可以说是最古老的健身舞、健身操。

此外,在早期社会中,人们崇拜自然,敬畏死者的灵魂,会在关乎生存的大事中(如打猎、生子、战事等)举办仪式寻求保护,表达期盼之情,特意举办大型的宗教祭祀活动,唱巫歌、跳巫舞。在祭祀活动中,舞者代表着部落、图腾和个体三者神秘血缘的显灵和复活,人们通过这种"舞"的肢体表达情感,这种身体活动同时孕育着原始舞蹈、早期武术文化形态。

进入阶级社会,战事频发,为增强士兵战斗力,早期人类的军事训练更多的是带有舞蹈性质的身体活动,穿插有对抗动作内容,这就是"武舞"。"武舞"把在战斗中运用成功的一拳一腿、一击一刺重复出来。尽管还没有一个体系,没有固定的动作规格,也没有固定的程式,边跳边舞,但练这种舞的过程,也是攻防格斗技术传授过程。从文化形态和起源发展来看,"武舞"是早期武术与舞蹈的一种交融,在古代武术的技击性、套路演练性与舞蹈的艺术性尚没有充分发展的时期,很难明确地将武术、武舞与舞蹈区分开来。

封建社会,武术发展成为一种重要的娱乐表演项目,是百戏的重要内容之一,《史记·项羽本纪》中关于鸿门宴的篇章中记载,"项庄人为寿,宴会时以舞剑为乐"。这种剑舞就具有明显的武术特征,具有击、刺等剑法,为剑术套路奠定了基础。汉代的"剑舞"源自于民间武术,慢慢地从一种防御敌人的手段变成了一种具有艺术特色的舞,此外,起源于汉朝的"百戏"更是集武术、体操、杂技于一身的一种身体娱乐活动。

我国汉代流行的"剑舞"本身来自民间武术,是一种从实战的剑术变成了一种艺术美化的剑舞。

明清时期,统治者对民间习武的各种明令禁止,使得武术在民间主要以娱乐表演的形式存在,这一时期的武术表演更多的是将武术融入一些舞蹈元素,武术文化以一种轻松愉悦的文化表演形式在民间继续发展。

## 2. 武术与杂技

杂技是一种以超常的技巧为特征的表演艺术。杂技与武术有许多相同、相通之处。具体分析如下。

(1)从发展历史来看,杂技与武术同时出现。

(2)杂技的基本形态很接近武术,都是技术难度动作表演、演练。

(3)杂技与武术动作内容有很多相同、相似、相通的地方。杂技中的自卫本能、攻防技术积累而产生的动作与传统武术的一些动作完全相同。许多超绝的武技,可直接纳入杂技节目;古老的杂技艺术,也直接影响着中国武术的发展。

古代武术与杂技经常交融在一起,许多兵器成为杂技的表演道具,如"飞叉"就是由武术器械演化而来的。传统武术的训练方法,自然也为杂技所运用。古时许多打仗用的兵器成为杂技的表演道具,有些著名的杂技演员同时也拥有着高强的武艺,这正是杂技与传统武术融合发展的结果。

### 3. 武术与民俗

龙狮文化在我国具有悠久的历史,龙是我国古代的重要图腾,狮子被古人视为瑞兽,舞龙、舞狮是早期祭祀活动的重要内容。

舞龙舞狮需要一定的运动技巧,因此,许多武术动作被借鉴到舞龙舞狮中去。此外,由于我国传统武术长期主要流传于民间,故其与各种民俗活动联系紧密。民间武术活动常以民间游艺的形式在农闲或庙会期间进行表演,这种表演又往往与舞龙、舞狮相结合,成为民间游艺活动的重要内容。

对舞龙舞狮与武术文化的结合具体分析如下。

(1)武术与舞龙。舞龙起源于原始的求雨祭祀活动。舞龙运动是中华民族灿烂文化的一部分,在我国有着非常悠久的历史和广泛的群众基础。舞龙运动具有浓重的民俗色彩,舞龙的一招一式、一腾一挪都有讲究,与武术招式如出一辙。具体在舞龙时,引龙人要充分发挥手、眼、身、法、步的灵活运用,一招一式既要优美洒脱、又要灵活自如。

舞龙是整体配合的武术展示,"势无定法犹有定,千变万化难形容",没有扎实的武术功底,是很难舞出龙的气势和展现出复杂表演动作的。

(2)武术与舞狮。舞狮是我国民间重要的一项民俗节庆活动,在百姓间流行广泛,独具民族特色。三国时魏人孟康注释的《汉书·礼乐志》中说:"若今戏鱼、虾、狮子者也。"这是文献上关于舞狮的最早记载。

舞狮表演中,要求舞狮者具有灵活的步法、矫健的身法和娴熟的技巧,以及手法、身法、步法的协调配合,才能完成跌扑、翻滚、跳跃、翻腾以及滚绣球、过跳板、上楼台、跳桌等各种难度动作。

武术运动中的表演套路,极大地丰富了舞狮运动的内容和形式。舞狮运动在动作上广泛吸收了很多武术动作,并在一定程度上进行了改造利用。武术动作的运用使得舞狮内容丰富,更具观赏性。

### 4. 武术与戏曲

中国戏曲以其独具风采的表演技艺卓立于艺术之林,是一种历史悠久的综合舞台艺术样式。戏曲的起源,与武术的关系是十分密切的。研究中国戏曲史的学者,在研究中国古代戏曲的起源时,均提及周代的"大武舞"。"大武舞"是武王克商后创作的一种武舞,据历史记载,创作者是周公。大武舞为中国戏曲的肇始创造了条件。

除了歌舞,丰富多彩的武打艺术也是中国戏曲重要的组成部分。二者相互影响、相互渗透。

(1)武术与百戏。百戏是多种身体活动的总称,是以超常的技巧为特征的表演艺术,百戏还是中国戏曲诞生的摇篮。百戏中,包含一些自卫本能、攻防技术积累而产生的动作,与现代民族传统体育中的搏击类运动(如武术)中的一些动作相似或完全相同。

汉代百戏著名曲目《东海黄公》的故事情节是手持金刀的黄公与白虎(演员装扮)做搏斗,具有较强的武术色彩和多种杂技动作。

(2)武术与木偶戏、皮影戏。木偶戏和皮影戏都是我国历史悠久的民俗艺术,由于其历史的漫长和品种的多样、操作技术的高超,享誉世界。

我国古代皮影戏是说唱艺术的结合,同时在描述历史故事过程中融入了许多武术技法表演,传统的木偶剧、皮影戏中的一大特色就是武打场面丰富。独特的偶人武打技巧更是深受武术文化的影响,而皮影戏的剪影方式也精彩地诠释了中国功夫,这些独特的操纵技巧、武打艺术,成为中国木偶戏和皮影戏卓立世界的重要原因之一。

在众多形式的木偶戏中,布袋木偶戏尤为擅长武打场面和善于刻画人物性格。除了布袋木偶戏外,还有"小戏文"艺术形式,以"武打戏"为主题是其重要特点。

在木偶戏和皮影戏中,呈现的武打场面紧锣密鼓,热闹非常。影戏艺人各逞奇技,把影偶操纵得如活人一般,可以做出许多高超的技巧。木偶剧、皮影戏融入了武打元素,其精彩的武打场面不仅吸引了众多观众,也使得其民族传统特色更加浓郁,是武术与表演艺术的完美结合。

(3)武术与武戏、戏曲中的武打场景。隋唐时期,民间传统戏曲广泛流行,是我国古代歌舞戏曲等艺术发展的鼎盛时期,在发展的过程中,武术与传统戏曲互相影响和借鉴。

宋元时期,杂剧、元曲发展迅速,各种戏曲中均有武打场面,给观众带来了精彩的视觉盛宴。

明清时期,戏曲艺术发展更加成熟,形成包括"唱""做""念""打"四种元素的艺术体系,戏曲中出现了真刀真枪的武打,促进了戏曲的故事性和观赏性。"唱、念、做、打"是我国传统的戏曲表演的四大要素。其中,"做"和"打"都含有戏曲在表演上对于武术的应用。

武戏中,演员的动作都或多或少借鉴了武术中的一些打斗动作。一些经典的题材,一些宏伟的场面,都是戏曲与武术的高度融合。

戏曲是我国的传统艺术文化,京剧更被誉为我国的国粹,我国是一个多民族国家,不同地域居住的民族均有自己的民族戏曲、地方戏曲,武术文化在各地区、各民族中的戏曲艺术中的融合,使得各地区、民族的戏曲文化内容更加丰富,也进一步增添了戏曲的艺术观赏价值。

在中国多元文化的共同发展过程中,传统武术与戏曲表演艺术同根同源,相互渗透和影响。中国传统的武术文化,在其发展过程中,在戏曲、杂技、舞蹈等多种艺术中相互滋润、相互启发,共同形成了中国多元传统文化。

## 三、武术文化的特点

### (一)民族性

武术是中华民族的特有传统文化,是东方文化的代表,民族性是武术文化的重要特点之一。

文化是由人类创造出来的,世界范围内,人类所创造出来的文化并不是统一的,世界民族文化是多元的,几乎每个国家都有其具有代表性的、具有自身特征的传统体育文化和体育项目,如中国的武术、日本的柔道、美国的篮球、巴西的足球等,都是民族文化的代表。

中国传统文化根生于中华民族所生存的文化空间,融合了中华民族对人类、对自然、对社会、对世界其他民族和文化的看法,是具有典型的民族特色的民族文化,反映了中华民族共同的价值观、世界观。民族性是传统武术文化的重要特性之一,与西方民族体育文化相比,武术文化的民族性具体突出表现在养生性、保健性、整体和谐性、伦理教化性四个方面。

### (二)哲学性

哲学思想从原始自然宗教中脱离而来,更加集中地反映了人对世界、对自然界的态度。我国哲学研究学者普遍认为,中国哲学属于类型保持型哲学,强调直观、内省和宏观调控。①

武术文化蕴含了丰富的哲学思想内容,武术文化与中国古代

---

① 任厚奎.东方哲学概论导言[M].成都:四川大学出版社,1991.

哲学思想高度融合,武术的诸多内容与形式都是与生命哲学息息相关的。在我国哲学体系和思想影响下,我国武术表现出深刻的哲学思维方式,如一元论、整体健康观、伦理重心的体育价值观、养生气功的内外兼修等。①

武术文化的哲学性是东方文化对世界的思考,对健康的运动追求和价值探讨,是从东方人体文化学的观点看人体运动的,人体在进行武术、舞蹈、养身这些生命活动中,体现出中国哲学的生命文化特征。

（三）生活性

武术文化起源于早期人类的生产生活,武术文化的生活性是其基础文化特点之一。

从人类学和社会学的角度分析来看,人们在特定的环境中生活,并且会受到这一特定环境的一定程度的影响,因此,人们在其特定的生活环境中创造出来的武术文化也会充分体现出生活性这一显著特征。

人类社会发展早期,生产与生活紧密结合在一起,身体活动的开展首先是为了满足自身生存的需要,由此而产生的体育项目几乎都与狩猎、游牧、耕作等生产活动,以及为庆祝收获、祈祷祭祀等生活内容有着密切的联系。不管人类如何发展,这些源于生产和生活的体育,都不会脱离生活性这一重要属性。由此可以看出,生活性是武术文化非常重要的属性之一。

（四）娱乐性

体育起源的因素有很多种,娱乐是其中非常重要的一个方面,随着社会的不断进步,娱乐性也逐渐成为武术发展的重要动力。

从运动学的角度来看,武术的娱乐性主要体现在三个方面。

---

① 马增强等．中华民族传统体育的话语世界及其现代影响[J]．西安体育学院学报,2007(06):1-5+36.

（1）身体机能性。武术对技术的要求较高,且具有强烈的自娱性和他娱性。

（2）谋略性。具体来说就是对人的谋略、心智水平有比较高的要求。

（3）机遇性。主要是对机遇的期待。

从文化的角度来看,武术及其文化内容对丰富我国人民群众的业余文化生活发挥了十分重要的作用。汉代的"角抵戏",唐代的剑舞都是当时十分受欢迎的武术娱乐项目。杜甫有"昔有佳人公孙氏,一舞剑器动四方。观者如山色沮丧,天地为之久低昂"的诗句,描述了当时习武者精湛的技艺和观众入神的观看情景。宋代时期十分流行相扑比赛表演。传统武术表演极大地丰富了百姓精神生活。

（五）地域性

武术文化是典型的东方文化代表,东方文化与西方文化的地域性差别是其最为显著的文化差别。

不同地域上所产生的文化,具有鲜明的地域性特点。地域的自然环境决定了生活在该地区的人民的生产方式、生活方式、社会文化、价值观念等有着显著的地域差异性,这种差异性使得不同地域的文化表现出明显的地域性特点。

不仅在全世界范围内不同地域的民族文化表现出明显的差异,即使是在我国,不同地区的民族文化也具有不同的风格特点。我国地域辽阔,东西南北之间的自然地理环境和生态环境有着较为显著的差异性,在这些因素的影响下,中华各民族在语言、文字、宗教、习俗方面,以及建筑、服装等方面,差异性明显,各地武术风格也彼此不同。

单就我国各地区的武术运动风格来讲,西北高原、东北平原地区,民风多粗犷豪放;南方气候温和,丘陵起伏、河川纵横,山清水秀,因此民风多细腻委婉。这一民族性格特点在武术的运动风格方面有显著的表现:北方尚力,南方尚巧。

此外,由于开展地点不同,同一地区、同一体育项目表现出的方式和方法也存在一定的差异性。每个具有共性的地方经过不断融合,逐渐形成了一个具有地域特征的文化景象。

（六）封闭性

与中国传统文化一样,由于受到自然地理因素、自给自足的小农经济、血缘、宗族等因素的影响,再加上特定的生活环境,中国传统体育也表现出了一定的封闭性属性。

环境的封闭性是导致体育的封闭性的重要原因。一般情况下,武术文化通常只在少许人中间传播,以陈家沟太极拳为例来说,它只是与同类其他拳种进行有限的交流,而且只在自己的区域范围内进行发展、传播,这种在一定区域内流传的文化封闭性有助于保持文化的原生态和鲜明风格特点,但是却不利于文化的长期可持续发展,在文化传播方面很可能会面临着本地传承人缺少、外地人不了解而导致文化失传的问题。

（七）认同性

认同性,从广义上来说,其首先讲求的是血缘认同和民族认同;如果针对武术来说,那么就是民族文化的认同了。

中华民族是由多个民族构成的统一民族,在长期的共同生存和发展的历史中,各民族在政治、文化、生产生活方式等方面逐渐形成了割舍不断的血缘关系,这为不同种类的民族传统体育项目的产生和发展奠定了坚实的基础。武术文化是多民族共同的文化,是各民族丰富多彩的武术运动形式、武术拳种、武术流派的综合。

从民族认同的角度来说,体育文化不仅具有一定的符号意义,同时也具备民族文化形象的意义。中国传统武术具有技击属性、泰国泰拳、韩国跆拳道、日本相扑,这些对抗形式都具有相同的运动特点,但是彼此又有着不同,不仅表现在运动形式上,更表现在这些体育运动所蕴含的民族文化、民族精神的不同。

# 第二节　中国武术文化的使命与担当

　　武术文化是我国优秀传统文化,其传承千年在促进我国社会发展中发挥着重要的作用,在当前新时代,中国武术文化作为社会精神文明建设的重要内容、作为学校体育教育的重要内容、作为社会大众文化健身娱乐的重要内容,在当今社会具有重要的文化使命与担当,具体分析如下。

## 一、武术承担着加强社会文明建设的重要任务

　　武术是一种文化,更是一种文明,武术文化发展见证了中国文化的发展,中国武术是中国文明的象征。中国传统武术文化在我国历史发展过程中极大地丰富了人民群众的社会文化生活,它是一种优秀的社会文明,是人民群众社会生活的重要内容。

　　在传统社会,武术文化不仅存在于百姓的日常健身,还是重大民俗节前的重要内容,寄托着中华民族各族人民的深厚的民族情感和精神生活。

　　从武术的产生与发展来看,武术是一种特殊文化,是中华民族文明的具体表现,体现出中华民族的一种精神、一种气质,对中国文化自信的发展,建设一个文明新时代的中国都起到促进作用。①

### (一)丰富社会生活

　　我国古代,武术文化更多地与民族节庆活动结合在一起,为人民群众的社会生活增添了节日气氛,增添了民族情怀。

　　近年来,随着我国体育事业发展逐步受到重视,传统武术也得到了快速而全面的发展,社会大众中参与武术健身的人数越来

---

　　① 董磊.中国武术的文化使命与责任担当[J].当代体育科技,2018,8(08):175-176.

越多,各种武术娱乐表演活动也越来越多,各种类型和规模的武术竞赛也开始出现,这些武术文化活动都极大地丰富了当代人民群众的业余生活。

(二)促进社会道德的形成

在传统武术的发展过程中,中华文化对传统武术的发展有着深远的影响,在这一影响下,富有特色的人体运动文化的武术表现形式才得以形成,同时也使中国浓郁的传统文化色彩在武术的不同方面都得以体现。

武术武德与我国传统社会伦理道德,二者之间是相互补充的,武术不仅是对习武者的武术学练过程中的思想和行为的要求,也渗透到习武者的日常生活中去,并且,武术文化作为中华民族传统文化的代表,在我国百姓心中具有重要的影响力,武德的许多内容对于普通人的思想和行为也具有一定的约束作用,武德对个人品德行为的约束与社会道德对人民品德行为的约束,共同促进了和谐社会的建设。

## 二、引领中国体育事业新发展

(一)落实全民健身计划,推动全民健身开展

从 20 世纪 90 年代开始,我国开始重视全民健身计划的施行,随着《全民健身计划纲要(1995—2010 年)》《全民健身计划(2011—2015 年)》等一系列政策和计划的实施,在政府的推动下,全民健身活动开展良好,而武术作为我国传统文化运动项目之一在全民健身项目中备受推崇,成为人民健身的首选项目之一。

传统武术拥有广泛的群众基础,而且是基础性群众健身的重要内容和形式,当前,随着我国全民健身运动的广泛开展,健身思想的不断深入人心,越来越多的人民群众不断地参与到了健身运动之中。作为一项大众健身项目,传统武术也受到了人民群众的广泛欢迎。

当前,我国大力发展体育事业,《全民健身计划》是我国推动全民健身事业发展的一个重要指导性文件。2016年6月,我国颁布和实施《全民健身计划(2016—2020年)》,新时期的全民健身事业的发展上升到了一个新的高度。

加强体育锻炼是"健康中国"实现的基本保障。大众体育的发展,是实现健康中国的有效方式。在新的历史条件和环境下,在中国有着悠久的历史的武术,是人民群众喜欢的体育项目,能承担起促进全体人民健康水平提高需要的责任和义务。

新时期,进一步推广与普及大众武术健身,能切实推动我国全民健身计划的实施,促进"健康中国"的建设。

(二)发展武术产业,促进体育产业发展

从现代经济学角度来讲,传统武术产业是一个很大的概念,它不仅包括进入市场实行商业化经营的武术活动,同时还包括与武术相关的一切经营与生产活动。

目前,我国传统武术的产业化发展已经初具规模,对传统武术自身以及社会经济的发展都起到了很大的促进作用。

发展传统武术产业可以为社会提供更多的就业机会。目前,我国经济增长快,增长率较高,其主要运营是我国劳动就业等社会问题得到有效解决。我国的传统武术产业化呈分散态势,但不能忽视它在局部为第三产业创造的价值。传统武术的产业化发展,可以为第三产业中的其他服务业的闲散人员提供就业机会。

结合武术健身鼓励我国武术健身业的发展,通过武术健身消费来拉动我国经济快速发展。从经济学角度来看,国家经济要想得到持续快速的发展,就必须采取措施刺激消费,鼓励人们消费,开拓新的消费热点拉动内需。发展武术健身产业,能刺激体育消费,为体育消费者提供新的消费需求,满足更多武术健身爱好者的体育发展需求,客观上可以促进整个体育产业的发展。

当然,我们还应该认识到,我国传统武术产业的发展仍然处于起步阶段,而且存在着一系列的问题。如武术健身娱乐起步比较晚,存在诸多不足;武术竞赛表演市场规模有限,资源短缺,政府干预过多;武术培训市场方面,武术技术培训的条件相对较差;武术经纪市场方面,专业度不高;武术传媒市场方面,发展程度低。武术产业化发展还有很长的路要走;但武术拥有最广泛的群众基础,我国武术产业的发展前景是十分广阔的。

## 三、实现民族复兴,促进世界多元文化繁荣

### (一)增强民族凝聚力

中国武术的发展,为世界武术的发展起到重要作用,武术起源于中国,我国武术有灿烂的文化,是中华文明的象征。

在武术文化的长期发展过程中,不同地域及民族的传统武术逐渐被发掘与传承,使得中华民族一代又一代的认同感可以更好地实现,也有利于人们强烈民族自豪感的产生,这在一定程度上有利于民族向心力、凝聚力以及号召力的增强。

现代社会,随着武术的竞技化发展,各种武术竞赛举办频繁,起源于不同地区的传统武术进行竞赛与表演时,参与者除具有强烈的竞争心外,民族集体荣誉感也是必须具备的情感。所以,传统武术运动的开展有利于民族之间的团结与协作,有利于提高人们的民族与集体意识,有利于增强民族认同感和凝聚力。

### (二)弘扬民族文化

传统武术,是智慧的中国人民创造的文明成果,武术文化的发展有利于促进中华民族的发展,也有利于世界未来的发展。武术,是中国的,也是世界的。武术文化的持续发展是促进世界文明不断进步的重要表现。

新时期,进一步宣传和推广我国优秀的武术文化,有助于中华民族的自我觉醒,有助于世界更好地、更加生动与直观地了解中华民族、了解中国。如国际形意拳交流比赛、郑州国际少林武

术节、传统武术功力大赛等。这类传统武术活动的开展,不仅有助于传统武术在全国范围乃至世界范围进行宣传与普及,同时,进一步扩大了传统武术在我国及在全世界的影响力。

(三)促进世界多元文化繁荣发展

现代社会,虽然世界朝着多元化的方向发展,但是西方国家依然处于强势地位,西方体育文化又试图推翻世界各民族体育文化的多样性。但世界从来都不是少数人的世界,世界文化从来都不可能是一元的文化,世界文化的多元性是一个客观存在。

武术是我国优秀传统文化,是世界重要的非物质文化遗产。正确认识及定位文化,是准确地传承与发展武术文化的重要前提和基础。因此,传统武术和非物质文化保护与传承必须首先明确文化遗产属性。武术是中国的,也是世界的,探索武术文化的科学可持续化发展,是保护世界文化遗产的重要举措。

当前,世界体育一体化发展背景下,为了适应世界体育的发展,传统武术对外来的体育文化一直在吸收和融合。在这样的形势下,武术走上了竞技化道路,武术发展与世界体育发展逐渐接轨,同时,武术的丰富哲学思想也极大地影响了西方体育思想,影响了世界体育思想的发展。

新时期,应不断强化中国武术是一种文明的新理念,符合新时代我国发展的需要,也符合整个人类文明持续发展的需要。

# 第三节　新时代武术文化自信的建立

## 一、保持传统武术文化的民族性

新时代,促进武术文化的持续发展,应尊重武术文化的本质属性和特点保持不变,不能为了迎合现代市场,而改变武术文化,对武术文化进行错误解读,或者使其变为另外一种文化。

保持传统武术文化的民族性,应做好确保武术文化的原生态性和以传承主体为中心传承武术两个方面的工作。

（一）确保武术文化的原生态传承与发展

传统武术在自身的发展过程中演化出丰富多彩的表现形式,其中许多技法形式的表达是意境的升华,如"倒撵猴、龙出水,懒扎衣,金刚捣碓"这些形象化的武术动作很难进行准确的介绍,武术传授的过程中经常性的误传、讹传严重影响了武术文化的发展,武术文化正在"慢慢变了味道"。针对此,可通过加强武术文化研究来对武术文化中一些"玄妙"的内容进行解释与描述,以便于更加真实地去传承传统武术文化。

受经济因素的影响,在武术竞赛过程中许多武术运动员将原来的武术内容改头换面称为"新拳",这就对传统武术的正常发展产生了消极的影响。对于这一现象应坚决杜绝,需要政府出面不断规范武术赛事。

另外,确保武术文化的原生态传承,还必须保护武术文化所生存的文化空间。我国武术文化是在民间不断发展的,现代社会,广大人民的生活方式发生了巨大的改变,电视、影碟、棋牌等迅速进入人们的生活,原有的武术文化活动受到人们的忽视,我国村落体育人口数目急剧减少,作为村落传统民间体育的主要代表之一的村落武术,由于其内容和形式的特殊性,其练习的人口数目更是不容乐观。[①] 保护村落民俗文化环境,关注村落民众的武术活动开展对于传统武术发展和传承至关重要。再如,少林武术名扬中国和世界,越来越多的商业因素进入河南嵩山地区,少林寺的地理空间范围内的各种紧急因素影响了少林武术的正常传习与发展,因此对于少林武术所依存的少林寺这一文化空间的保护也势在必行。

---

① 郑健. 文化体制改革进程中村落武术文化研究[D]. 天津体育学院,2013.

（二）以传承主体为中心传承武术文化

在传承传统武术的过程中，要认清传统武术的传承主体。以传承主体为中心，进行传承。传统武术文化的传承主体是传承者，究其原因，传统武术诞生于农耕文明，在民间环境中成长。武术文化传承离不开民间这一生存发展的土壤。

在武术文化传承中，新闻媒体、商界、学界和政府等机构对传统武术的弘扬和传承有一定的帮助，但是不顾及武术传承和发展的规律，利用武术带动经济，让民俗变成官俗，对武术传承却是弊大于利。因此要坚决抵制、禁止这些行为和倾向。要尊重武术传承和发展的本质规律，尊重传统武术的自主化传承。

## 二、树立起武术文化自觉意识

中华民族要实现民族伟大复兴，应充分肯定自己民族文化的积极性和先进性，这不仅可以增强我国传统武术文化的凝聚力，还有助于增强民族自尊心、自信心。"文化自觉"意识的建立在现阶段世界多元文化发展背景下对促进我国传统武术文化的发展具有重要的促进作用和现实意义。[①]

（一）习武者的武术文化自觉

习武者要树立起武术文化自觉意识，积极参与到传统武术及其文化的学练之中，坚持练功、坚持修行，长此以往，才能提高自身的武术文化修养与品格，才能保证对传统武术文化的全面理解和保持原生态的传承。

（二）武术文化的社会推广与宣传

在经济社会发展变革过程中，传统武术的传统价值受到冲

---

① 李萍. 哲学视域下中华武术文化研究[M]. 长春：东北师范大学出版社，2011.

击,而其新的价值体系还尚没有建立,这就造成了我国传统文化的发展与社会经济的发展出现了撕裂,使得传统武术的传承与发展遇到了一定的危机。

武术作为一种文化事物,对其推介一定离不开主流媒体、自媒体等的宣传和推广。新媒体时代,人们可以随时随地接受来自各方面的信息,尤其是在新媒体不断出现和博得大众眼球的当下,必须始终对武术文化传播保持警醒,对媒介生态环境有清晰的认识和把握,积极推广和传承武术文化的同时,也要防止媒体对武术文化的误传、误导。

政府应给予武术文化良好的推广、普及与传承空间与条件,营造良好的武术文化发展氛围、发动全社会的力量传承武术,使每一个人都认识到武术文化传承的重要性和意义,并自愿肩负起武术文化传承的责任。

新时代,放眼全社会,建立传统武术文化传播中心,普及武术文化知识和技能,使武术文化深入人心,增强体质,凝聚民心。才能杜绝碎片化的、多变的文化,才能确立中国武术文化的完整的文化立场、中国立场,才能固根立本。[①]

## 三、武术文化的自我反思与创新发展

### (一)武术文化的自我认同

中华武术源远流长、博大精深,但武术文化并没有渗透到人们的日常生活中,不得不承认,我国武术文化虽然在人们的视野中更多地呈现,但是,我国武术习练的主要人群仍集中在老年人群中,说明当前社会大众对武术文化的自我认同还没有达到较高的水平,武术及其文化的推广和复兴之路还很长。

现代社会,生活节奏快,很多人没有足够的精力、时间去潜心

---

① 张江龙,淳友忠. 新时代文化自信视野下中华武术文化的发展路径研究[J]. 武术研究,2018,3(06):26—29.

学练武术,在西方文化的影响下,年轻人更倾向于追求具有新鲜感官刺激的竞技体育,对民族文化的兴趣不大。一些对武术感兴趣的人,对武术的接触时间和精力有限,也仅仅停留在动作形式和套路习练的层面,并不深入。

竞技体育时代,西方体育为世界体育发展的主导,我国传统武术发展要想在世界体育领域占据一定的位置,就必须首先肯定自己的体育价值和作用,然后通过适当改革创新,打破西方体育在世界体育领域垄断的窗口,武术是优秀的体育运动项目,应该被更多的人所了解,经过对武术的不断改革创新,我国武术有了竞技武术内容,并在世界范围内影响越来越大,2013年2月,武术被确定为奥运候选项目,武术进入奥运会取得又一个重要的进步;但武术的奥运之路还很漫长,让中国武术像足球运动一样走进世界任何一个角落还需要更多的努力。

需要特别指出的是,武术竞技化,并非武术文化的自我否定,恰恰是武术文化自我认同的表现,是对武术技击性质和价值的进一步挖掘,武术是优秀的体育文化,在任何时代,都有可持续发展的顽强生命力。

(二)武术文化的与时俱进

现代社会,已经进入休闲社会,人们享受丰富的文娱生活,也不仅仅满足于感官的冲击,人们更加重视心理需求,随着人们体育消费观念的转变和对消费质量的重视,当前的体育消费已经进入到了一个由文化引领的时代。

武术与其他文娱活动相比,有着丰富的文化内涵,这是武术文化在当前休闲娱乐时代发展的一个重要优势。通过武术文化表演、武术赛事举办,传统武术的娱乐性、观赏性、竞技性得到了充分展示。在当前大众休闲娱乐时代,要进一步推广与发展武术文化,就必须充分发掘武术表演、武术竞赛的文化内涵,满足当下人们对体育文化的欣赏需求。

## 四、坚持武术文化的国际化推广与发展

（一）坚持民族文化立场

新时代，思考中国武术的发展问题，应建立在中国武术是优秀传统中华文化的认知达成共识的基础上，中国武术文化的传承与发展不仅是从"体育立场"出发，而应该是在深思和发现"体育立场"的文化意蕴之后，深挖中国武术作为体育文化的多元化价值，必须放大中国武术文化的价值功能，更取向于"文化立场"，更取向于"民族立场"，这是对"文化自信"精髓中的"要坚守中华文化立场"的坚决贯彻和执行。①

（二）增进国际武术文化交流

在推动传统武术国内发展的同时还应加强传统武术的国际交流，坚持"走出去"，利用各种手段和方式加快传统武术向世界的推广。

随着与国际交流的日益密切，相关部门应该在传统武术的对外交流上多下功夫，例如，可以通过举办大型的世界传统武术节，使世界上更多的人认识武术，并致力于培养一批批优秀的传统武术学员和教员、教练员和裁判员。

新时代，建立武术文化自信，要实现自我认同、自我肯定，并注重自我宣传与推广，只有这样，才能进一步促进我国传统武术文化的国际化发展，使其能在世界多元文化中始终保持一席之位。

---

① 王岗，陈保学，马文杰．新时代"文化自信"与中国武术的"再出发"[J]．北京体育大学学报，2018，41(08)：9—16.

# 第四节　高校武术课程文化教育的重塑

学校是传统武术文化最重要的教育基地,开展武术教育是我国传统武术文化传承与发展的一个重要和有效途径。具体来说,国家应提倡和重视学校武术教育,并努力提高武术文化在国学教育中的地位。以文化的视角来审视与制定武术政策,鼓励学校开展武术教育。①

## 一、高校武术课程的文化教育性改革

### (一)完善教育理念

武术教学是高校体育教学的重要内容,武术教学不仅是武术技法的学练,在武术教学中,教师更是承担着传播武术文化的重要责任。

长期以来,我国学校体育教学中,西方体育一直是体育教学的主要内容,很多教育思想、教学理论、教学方法都是借鉴西方,但传统武术在教学内容上与西方竞技体育有着显著的差异,因此不能用西方的一整套体育教学理念与方法来指导传统武术教学,应该在武术教学中不断完善教学理念,以对武学的教学内容以及教学文化进行了解,了解二者之间的关联,关注武术文化的教授,重视学校武术文化的教育传承,让学生在武术学练过程中,了解武术基本理论知识、技法拳理,并理解与深刻认识武术文化内涵,感受武术的文化魅力,并传承武术文化精髓。

武术教学应以德为本作为主要的教学理念,让学生们都能从真正的意义上做到内外兼修,达到表里如一的教学目的。

---

① 何艳强. 武术教育中武术文化传承的研究[D]. 河南大学,2013.

（二）改革教育内容

武术是我国学校体育教学的传统内容,在我国学校教学中存在的时间是非常久的,但是,我国传统武术教学在学校体育教学中却并不是一个传统优势项目,武术教学面临着"学生喜欢武术,但不喜欢上武术课"的尴尬境地。

新时代,我国强调要建立"文化自信",实现中华民族伟大复兴的"中国梦",就必须重视传统优秀文化的传承与发展,武术文化是其中的一个重要部分。学校是武术文化传承与发展的一个重要教育基地,武术教学要突出"武术文化教学",只有这样才能实现武术文化的科学化教育的传承与发展。

长期以来,我国学校武术教学中,教学的重点通常都落实在形式发展上,忽视了武术文化的发展,学生对传统武术文化的认知率相对较低,这一点在武术文化的教育性传承与发展中表现的更为明显。现代社会,随着生活方式的不断变化,传统武术文化生存环境也在逐步变化,传统武术文化的内涵发展和形式发展没有与时俱进,形式过度超前但文化内涵相对滞后。当前传统武术的生存土壤和过去存在着很大差异,但绝大多数人们对武术文化认同度相对较低,传统武术文化传承的落后在根本上制约了武术的持续发展。

现代体育正在逐步走向职业化道路,要想实现稳步发展则必须密切联系实际情况,切莫生搬硬套。在这一方面,跆拳道值得传统武术借鉴。在韩国,所有学习跆拳道的学生,第一节课的课程内容均为跆拳道史与跆拳道礼仪,但我国传统武术教学在这一方面相对匮乏。没有积极宣传武术文化,造成广大群众在价值观和审美观两方面严重不足,因此在推行传统武术教学前应当宣传武德、宣传武术文化,将长期积淀下来的武德文化作为主体,在初始阶段可能效果较小,但只有从本质上改变学生在武术方面的审美观和价值观,让武术文化深入心中,才能从根本上促进传统武术教学的发展。

在教学内容方面,要始终遵循德智体美劳全面发展的原则。在现阶段,可以将学历教育和职业教育有机结合的武术学校极为有限,绝大多数武术学校只是将实践技术教学置于重要地位,没有给予文化教育与素质教育相应的重视。

武术教学不同于西方体育教学,武术身体动作中蕴含着丰富的"精、气、神""韵""意境"等内容,因此,在武术教学中,就不能像西方体育运动项目教学那样,要求学生的技能学练应达到什么样的运动强度,动作幅度,肌肉用力紧张情况与伸展、收缩情况,除了要求学生的武术学练的动作的标准化、精确,还要加大武术动作以及内在精神联结的重视程度,辅助学生们进行思想道德文化的构建,提高学生对武术的认知。①

否则,就会致使传统武术学校培养出的学生空有一身武艺,在知识与基本文化素养方面存在欠缺,进入社会后难以在短时间内适应发展变化,从而导致竞争优势丧失。对于传统武术教学模式来说,不仅要积极开展武术实践教育,还要对文化教学予以高度重视。通过德育教育让学生形成优秀品质,通过法制教育让学生深刻认识法律的重要性与尊严,德智体美劳全面发展是武校教育的基本方针。

(三)改革教育方式

在传统武术实践教学过程中,大多采用教练员手把手教学,其不但能提升传统武术教学质量,而且能有效锻炼学生的身体与意识。然而,在招生人数持续增加的情况下,学生人数和教员人数间的矛盾日益突出。要想有效解决两者间的矛盾,传统武术需要实施相关策略来改革传统武术的教学方式。在多媒体技术迅猛发展的时代背景下,可以高效利用多媒体技术来加大传统武术教学效果,利用多媒体课件来提升学生直观感受,在某些情况下比教练员动作示范的直观性更显著。充分结合电教化和教练员

---

① 孙珺璟.针对体育武术教学中文化教育性的缺失及重塑[J].当代体育科技,2017,7(35):179—180.

动作示范,能够大幅度提升教员的教学成果,并且还能减轻教员负担。

(四)改革教学管理

正确、规范、严格的教学管理,能让传统武术教学活动有序开展,还能实现理想的教学目的,这需要掌握丰富专业武术知识与管理的专门人才。要想使传统武术教学管理水平得到大幅度提升,引进此类专门人才是极为必要的。另外,还需不断强化管理人员教书育人,树立以人为本的管理理念与服务育人的意识,如此方可为传统武术教学的健康稳步发展奠定良好基础。

## 二、构建武术文化的大教育观

(一)树立学科支持的武术大教育观念

以中国传统文化为根基的武术,是文学、历史学、哲学、社会学甚至自然科学等多学科的综合体现。因此,单一的学校课堂教育已经不能满足当前武术教育发展的需要。另外现代学校是将传统文化分别放到学科分类中去传授,势必造成对传统文化的分裂,因此,学校武术教育应该突破现有的课堂教学范式,放在大教育环境中进行,而大教育就是改变传统的以课堂教育为主的学校武术教育,建立起相应的武术大教育体系。

(二)建设多层次立体化的武术大教育环境

教学环境的构建对于武术教学的开展来说十分重要,开展武术教学时,不能急于求成,要循序渐进地开展相应的武术教学活动,在正式的武术课堂教学之外,构建一个良好的、积极向上的武术教学环境,可有效提高学生的武术学练参与度。

高校武术课程文化教育的持续开展,离不开高校校园武术文化环境的创设,也离不开整个社会对高校武术课程教学的支持。

对于传统文化的传承,应对武术教学中文化教育性的缺失与重塑进行深入研究。长期以来,我国讲"高等教育就是高等院校",缺少大教育观,高校教育不能脱离中小学教育基础,也不能脱离社会教育的延续,高校教育不是独立存在的空中楼阁,而是整个国家教育系统的一个重要环节。

当前,我国正在由人口大国向人力资源强国转变,在这种背景下的学校武术教学也应该树立大教育观,在整个教育系统、在整个社会营造良好的武术文化教育环境与氛围。

# 第四章　高校武术教育文化传承体系的研究与构建

高校是武术文化传承与教育的重要阵地。当前,在我国更加重视学校体育教育教学改革的新形势下,要想进一步改进高校武术教学、促进武术文化的教育传承,就必须牢固树立科学的武术教育理念,进一步明确武术教学的任务与目标,不断完善武术课程教学设计。同时,还应不断拓展武术教育内容,推进武术教育的国际化发展。本章主要就高校武术教育文化传承体系的构建进行系统研究,以为我国高校武术教育体系完善和武术文化的科学化教育传承与发展提供理论指导与启发。

## 第一节　建立武术教育的新理念

### 一、相关文件对教育新理念的启发与指导

(一)《加快推进教育现代化实施方案(2018—2022 年)》

2019 年 2 月,中共中央办公厅、国务院办公厅印发了《加快推进教育现代化实施方案(2018—2022 年)》(以下简称《实施方案》),指出要"以培养社会主义建设者和接班人为根本任务","教育改革发展成果更公平地惠及全体人民",进一步扩大人民群众的受教育机会,大力加强体育美育劳动教育,加强劳动和实践育人。

《实施方案》为我国各级学校教育的教学任务提供了方向指导。在我国学校武术教学中,武术与《实施方案》所强调的"加强体育美育劳动教育","加强劳动和实践育人"具有非常密切的关系,是学校教育的重要教学内容,在武术教学中应坚持以人(学生)为本的体育教育,促进学生的健康发展、终身体育教育发展,真正将武术育人的作用落到实处。

(二)《中国教育现代化 2035》

2019 年 2 月,中共中央、国务院印发《中国教育现代化 2035》,明确了新时期我国的教育发展思路与方向。

《中国教育现代化 2035》明确指出,要坚持中国特色社会主义教育发展道路,立足国情,遵循教育规律,坚持改革创新,加快推进教育现代化、建设教育强国。

《中国教育现代化 2035》为新时代我国培养德、智、体、美、劳全面发展的社会接班人作出了教育理念指导,强调了实施中国特色教育的八大理念,即注重"以德为先""全面发展""面向人人""终身学习""因材施教""知行合一""融合发展""共建共享"。这与新时期我国一直坚持遵循的教育教学理念是一致的,具体分析如下。

(1)教育应坚持"健康第一"教学理念,教育应促进学生的身体、品德、社会性健康发展,坚持"以德为先""知行合一""全面发展""融合发展"。

(2)教育应坚持"以人为本"教学理念,教育应做到"面向人人""因材施教"。

(3)教育应坚持"终身体育",这对于我国实现教育强国、体育强国具有重要的促进作用。

(三)《"健康中国 2030"规划纲要》

2016 年 8 月 26 日,中共中央政治局召开会议,会议审议通过并颁布《"健康中国 2030"规划纲要》(以下简称《纲要》),《纲要》的颁布和实施,其直接和根本目的是为了提高人民健康水平、建设健康中国。

体育教育面向我国数亿学生开展,学生健康教育是建设健康中国的一个重要工作环节。《"健康中国 2030"规划纲要》与新时期我国所提倡的体育健康教育理念是相契合的。

武术教育作为体育教育的重要内容和组成部分,要想最大限度地发挥武术的育体、育德、养生、怡情、保健等教育功能,就必须在武术教育教学中落实"健康"教育,在武术教学中以健康教育教学理念为指导,坚持"健康第一""终身体育"的教学宗旨。

## 二、武术教育新理念具体内容解析

素质教育是我国高校体育教育改革的重要方向和目标,素质教育最根本的目标是"使学生养成独立的人格,实现个性的全面发展",因此,武术教学应围绕学生展开,切实促进学生的发展。在素质教育指导下,武术教学应促使学生的体育文化素养得到本质提升,使学生的身心健康发展得到全面推动,并以此作为目标,来组织和开展各种武术教学活动。结合当前我国高校体育教育教学创新理念,在高校武术教育教学中,应通过丰富多彩的武术教学活动的组织和实施,应能使学生身心的全面发展得以推动,从本质上来提升学生的人文精神、武术文化等方面的体育素养,促使学生不断提高身体素质水平、建立良好心态,形成健康的人格品质。具体在高校武术教学中应建立并深入贯彻执行如下教育理念。

(一)"健康第一"教育理念

健康是教育的重要功能和人发展的基础。"健康第一"是一种重要的具有体育促进人科学发展的重要教学指导思想,它主张武术教学应将人的健康发展放在第一位。"健康第一"强调,教育应为促进人的健康发展服务,围绕人的健康开展各种教学活动,健康同样也应是武术教学的重要关注点。

"健康第一"教育理念强调武术教学中的教学首要目标是要促进学生的身心健康发展,其次才是体育技能的提高,在"学校教学忽视体育教育"和"武术教学以竞技体育为主要内容"的传统学校教育教学中是一种新的教育思想和观念的突破。

"健康第一"教育理念重视学生的健康发展,它指出,学校教育教学的首要目标是促进学生的健康成长,学生的身心健康比考试升学更为重要。"健康第一"教育理念中的"健康"是一种多维的健康,是真正意义上的健康,不只是身体的健康,还包括心理健康、社会适应、生殖健康、道德健康等。

在"健康第一"教育理念指导下,高校武术教学各项活动的展开应有助于促进大学生的身体、心理的健康和全面的发展和提高。在武术教学中,武术教学应建立在多维健康观的基础上,重视学生的身体、心理、智力、社会适应能力等多方面的发展,通过体育教育教学培养一个健康的符合社会和时代发展需求的高素质优秀人才和接班人。

需要特别指出的是,"健康第一"中的"健康"是"全面"的健康、"多维"的健康。结合世界卫生组织对健康的多维内容的阐述,即"健康不仅是指没有疾病和不虚弱,而且包括身体的、心理的和社会的等多方面健全状态"。

(二)"以人为本"教育理念

现代化素质教育强调实施人性化教育,这就为我国高校武术教学的发展指明了改革的方向,它充分强调了学生在武术教学中的主体地位,强调了体育在育人方面,发展人的重要性,重视武术教学中的人的主动性和积极性的调动、重视人的发展、重视人的创新。

"以人为本"教育理念源于西方人本主义思想,我国"以人为本"教育理念是在充分吸收西方人本主义教育思想内容、建立在马克思主义关于人的全面发展的理论基础上,结合我国实际和时代特点,形成的完整而科学的教育价值取向。"以人为本"是我国学校武术教学发展的重要教学理念。

"以人为本"教育理念要求体育教育突破机械的教育模式,真正转变为对人的教育。"以人为本"教育理念指出,教育的出发点、中心以及最终归宿都是"人",教育是以人为基础和根本的,教育的目的是人的发展,教育过程中应体现人文关怀,应重视教育活动中人(包括教师与学生)的对话、交流、沟通。

在高校武术教学中,要遵循"以人为本"教育理念,为此就必须做好以下几方面的工作。

(1)在武术教学中以学生为价值主体,对学生个体的需要加以把握,以学生的兴趣、需要为出发点组织教学,使学生获得自由的、全面的发展。

(2)重视学生体育学习与参与兴趣的提高。武术教学中,要重视武术教学内容的丰富,为此教师在结合对武术教学大纲所规定的技能方面的教材予以考虑,注重能够对学生全面的武术兴趣进行培养,并对学生的人格发展有积极影响的武术教学内容的引入。具体教学内容应做到增加具有娱乐性和趣味性的武术教学内容;增加具有创新性的教学内容;增加实用的,与社会和生活联系密切的武术教学内容。

(3)采取灵活多样的教学形式(如群体训练、小组合作、个人自觉练习等)来组织教学,使武术教学形式更加灵活,武术教学过程更加有趣,使学生在轻松愉快的环境中参与武术学练和深入了解武术文化。

(4)关爱、尊重学生,创造和谐的师生关系。

(三)"终身体育"教育理念

"终身体育"具体是指体育应贯穿人的一生。"终身体育"是终身教育的重要组成部分,养成健康的体育习惯是终身体育健康发展的根本源泉。

"终身体育"是我国武术教学的一个重要教学理念,关注的是人的一生发展,对学生一生的发展都是十分有利的。此外,"终身体育"教育理念是面向整个人类的一种教育理念,不仅仅局限于学校中的学生,还包括社会大众。"终身体育"强调通过体育参与促进个体的终身健康、全面发展,因此,终身体育的锻炼内容、方式、方法等必须与个体的生活、学习、工作等密切结合起来。

"终身体育"是当前的重要武术教学指导思想,它给予人的长期发展,关注人类社会的可持续发展,在此基础上形成的科学的武术教学思想。

"终身体育"教学思想指导下,武术教学不仅应关注当前学生的身心健康、全面发展,还应重视学生充分和真正掌握体育运动知识与技能,为其以后离开校园以后也能科学参与体育运动做出理论和实践指导。

# 第二节　武术教学的任务与目标

## 一、武术教学总任务与目标

### （一）增强身体素质

武术运动具有重要的健身(体育)教育价值,通过武术教学增强高校大学生的身体素质是高校武术教学的重要任务与目标。

在高校武术教学中,教师应根据青年学生的生理特点,有针对性地增强大学生身体素质的提高和发展,增强大学生身体对自然环境和社会环境的适应能力,以及对疾病的抵抗能力。

### （二）提高运动水平

高校武术教学,不仅是武术知识、技能、文化普及,还要为学生的全面健康发展与终身体育发展奠定基础。

　　通过武术教学,促进高校大学生掌握武术运动技能、不断提高运动水平,并可以终身从事武术运动,要通过武术教学使大学生养成良好体育锻炼的习惯,传统武术课程教学能有效调动学生参与体育活动的积极性与主动性,通过武术课程学习,逐步提高学生的运动技术水平,不断提高学生锻炼身体的自觉性。

　　此外,在高校武术教学中,要贯彻普及与提高相结合的方针,重点抓好普及,同时要不断地提高体育运动水平。对那些身体素质和基本技术较好,有一定运动才能的学生,应通过运动训练途径来进行专门培训,使之在群体活动的开展中起到骨干作用。此外,对于运动成绩突出的学生,可为优秀运动队输送后备力量。

　　(三)提高思想品德

　　武术"武德"是非常重要的武术文化内容,是古代武术教育和现代武术教育都应该非常重视的教育内容。

　　武德,即武术道德,古代武术大家收徒必先考察徒弟的品德,对品德不端者,是不会传授武艺的。此外,古代各武术流派也有对本派弟子的一些品德操行的要求,凡违反德行要求者必严惩。

　　总结来看,我国武术中的武德具体表现在以下几方面。

　　"仁":博爱,爱所有人,这是习武者德性的最高境界和最高层次品德追求。

　　"义":依人而行的标准、方式与手段,人的行为一定要遵守社会规范和准则。

　　"礼":待人接物、处理各种社会关系应知礼节,要谦让与恭敬。

　　"信":诚信守礼、遵守诺言。

　　"勇":见义勇为。

　　随着社会的不断发展,武德内容逐渐渗透到社会一般道德规范中去,影响着中华儿女,形成中华美德。新时期,武德表现出新的内容,如团结友善、明礼诚信、自强不息、爱岗敬业、勇于奉献、热爱祖国、忠于国家和民族等。

当前,在高校传统武术教学中,教师应重视对学生的"武德"教育,不仅要培养学生日常良好的行为道德规范;还要培养学生遵守纪律、热爱集体、勇敢顽强、艰苦奋斗等共产主义道德品质和作风;更要加强对学生的爱国主义教育。教育学生热爱祖国、热爱党,热爱我国优秀传统文化。

### (四)传承武术文化

高校是武术文化教育传承的重要基地,传承武术教学应重视对高校大学生的武术文化教育,使大学生成为我国优秀传统文化的重要传承人。

武术文化是我国优秀文化,其中蕴含了我国丰富的哲学思想。同时,武术文化还深受其他文化形态的影响,与宗教、中医、书画艺术、戏曲艺术等有着非常密切的关系。武术文化历史悠久,经过长期的发展,已经形成了自我成熟的武术文化体系。

武术文化内容体系丰富,传承武术文化应是全方位的传承。在武术教学中,教师要传授给学生的不仅是武术技能,还有武德,还应该重视武术文化哲学思想、武术拳法理论、武术养生观、武术文化中的民族情感与民族精神等内容的传授。

学校作为文化传播与传承的重要基地,可以作为武术文化传承的基地,并通过武术教育发掘学生群体中真正对武术文化感兴趣的,对武术文化精神内涵有悟性的学生,进而发现和培养专业的武术文化传承人才。

此外,通过学校武术文化教育,还可以通过大学生影响其身边更多的人(家长、亲朋)去了解和认识武术文化,可以扩大武术文化在全社会的影响力,提高整个社会对武术文化的关注度,进而还能促进武术文化的社会教育,从社会大众中发掘武术文化传承人,并通过全体社会大众对武术文化的学习和传播来扩大武术文化的国内影响、国际影响,以促进我国传统武术文化在现代社会的持续发扬光大。

## 二、武术阶段性教学任务与目标

(一)初期教学任务与目标

教学任务:使学生对动作有初步的了解,获得感性认识,初步掌握武术技术动作。

在任何一项体育运动项目的教学过程中,学生的学习都不能仅限于技术练习,教师应认真进行动作示范,教授相关理论知识,并根据学生所学习和观察得到的信息,进行修正和组织学生练习。

该阶段,教师应完成以下教学目标,即推动学生的认知;使学生先形成一个粗略的概念;让学生在教师指导下初步形成正确的武术技术动作表象。

(二)中期教学任务与目标

教学任务:使学生巩固正确的动作,提高动作协调性和动作质量,能在教师的指导下,进行套路练习,对抗练习,以不断提高学生的攻防意识以及对武术技术动作的运用能力。

经过一段时间的学习和训练,学生会逐渐认识到武术运动技能的内在规律特征,并能逐渐纠正以前学习过程中经常出现的错误动作和不协调的动作。

该阶段,教师应着重提高学生对武术技术动作的攻防时机、相对距离、活动空间的判断能力和应变能力,以使学生能顺利地、连贯地完成动作,并初步建立正确的武术动作定型。

(三)终期教学任务与目标

教学任务:使学生通过系统化的反复练习,不断巩固已经建立起来的条件反射,建立良好的动作定型。

在教师的指导下,通过各种条件实战和自由实战练习,学生已经进一步提高了对武术动作掌握的稳定性和自动化应用程度,动作运用的实效性也得到了很大程度上的提高。且随着前两个阶段对动作技能的不断巩固和发展,学生的动作可出现自动化现象。

这一阶段,教师应注重学生武术动作完成中对武术动作所蕴含的武术文化内涵的理解与掌握。

# 第三节　武术教学的内容与方法

## 一、武术教学的内容

### (一)武术课堂教学

#### 1. 理论知识和技术要义讲解

首先要给学生讲清楚传统武术的技术动作名称、过程、术语、要领、要求、技术特点、力学解剖原理等重要内容的要义;其次,对传统武术有关谚语、口诀、典故、故事、表彰、批评、评价等内容进行讲解。

讲解要求:简单、明确、生动形象;明确教学重点内容。

#### 2. 技术动作示范

对传统武术的技术动作进行教学示范,结合教学内容科学选择分解示范、完整示范、重点动作示范、正误对比示范以及镜面、背面、侧面示范等不同示范方法。

示范要求:教师态度认真、动作规范、姿势优美。

3. 技术动作领做

在学生了解和掌握武术技术动作概念、原理和技术要点后，在教师的带领下，进行技术动作的模仿学习。教师在领做时，领做的方向和位置要恰当，使所有的学生都能看到，并配合口令进行。

口令指示要求：简洁、简短、及时、有启发性。

4. 指挥学生练习

学生熟悉掌握传统武术技术动作后，教师用口令指挥学生进行练习，通过观察，指出学生技术动作完成过程中的各种不足之处，使其建立正确的技术动作定型。

学练要求：循序渐进、不断巩固提高，注意学练安全。

（二）武术套路教学

1. 基本功教学

基本功即为完成基本动作所必须具备的专项身体素质，扎实的武术基本功是个体学习和掌握武术难度动作的重要基础。

2. 基本动作教学

传统武术的基本动作是武术组合动作、套路练习、攻防技能的重要基础。因此在传统武术教学中，应让学生学习武术的基本动作，并进行武术组合动作练习。

3. 组合动作教学

传统武术组合动作主要包括手法组合、腿法组合、步形组合、腰法组合、跳跃组合以及综合性的组合，熟悉掌握武术组合动作能为武术套路练习奠定良好的基础。

### 4.武术套路教学

武术套路是武术基本动作、组合动作的机械串联,对于学生掌握基本的攻防方法和形成一定的武术技术风格具有重要的帮助作用,也是学生终身参与武术学练的一个重要形式。

武术套路是中国文化独特行为意识体现的最佳范例,在武术套路中,每个动作都有规范,规范性的武术教育中,不仅使学生掌握规范的技术动作,也形成一种规范意识,规范的是学生的行为,更是思维形态,是对学生分辨是非、明辨善恶能力的培养,是文脉传延的保障。[①]

### 5.技术创新

在高校武术教学中,教师应有意识地加强学生的技术创新,让学生对基本动作、组合和套路进行有一定标准要求的拆分、组合、创造实践,以提高学生的创新意识和创新能力。

需要特别提出的是,武术技术创新上应尊重武术自身的技术逻辑和技术教学的规律,保持始终遵循客观教学规律,确保创新的科学性。

### (三)攻防技术教学

### 1.动作教学

传统武术攻防技术内容丰富,主要包括步法、手法、腿法、摔法、拿法等几类基本动作。对传统武术基本动作的学习是学习攻防技术的基础,任何攻防技术都是通过具体的技术动作实施的。

### 2.素质学练

任何体育运动的技能技法学练都具有一定的身体素质要

---

① 刘云东,吴光辉.以学校武术助力文脉传延[J].武术研究,2018,3(08).

求,传统武术也不例外。传统武术的基本素质练习能为运动者对武术技术和技能的实施增加威力,使武术的技术攻防效果更强。

3. 攻防技术组合学练

传统武术的攻防技术组合有多种形式,包括上肢动作组合、下肢动作组合、上下肢动作组合、打摔动作组合、踢拿动作组合等。对各项动作进行灵活、合理的组合是攻防技术有效实施的前提。

4. 攻防战术学练

在传统武术对抗中,攻防技术的学习和掌握是实施攻防战术的必要基础和保障。攻防战术可分为主动强攻、迂回强攻、防守反击、虚实结合、引进落空、后发先至等战术。

在武术攻防战术教学中,应结合实战对抗合理组织和开展教学,并注意强调战术的灵活运用。

5. 模拟实战

实战是提高习武者攻防技术水平的重要手段,在学生尚未熟练掌握技术和战术的情况下,教师可要求学生按照步法移动练习、活动靶练习、指定进攻、限制实战、点击实战等方式依序进行练习,使学生逐步适应实战,并具有一定的实战应变能力。

6. 实战

学生的武术技能水平最终都应该在实战中得到检验,武术实战教学应注意以下几点。

(1)实战练习尽可能地在同水平、同级别的学生中进行练习,避免因实力悬殊造成伤害。

(2)实战对抗时间不宜过长,避免体力消耗过大引起受伤。

(3)武术实战练习过程中应做好对学生的安全防护措施。

（4）武术实战练习后应注意适时讲评，使学生有所提高。

（5）切忌照搬对运动员的要求而进行教学，应针对在校学生进行加工、改造、处理，适应学生实际情况和需求。

## 二、武术教学的方法

（一）语言教学法

### 1. 讲解教学法

讲解教学法，是教师在教学过程中，为了使学生通过听来感知教学内容，采用简练准确的语言来对相关教学内容进行分析的方法，在武术理论教学中常用。

武术教学实践中，讲解教学法应用要求如下。

（1）讲解要明确。讲解与教学目标实现有关的内容。

（2）讲解要正确。讲解内容准确无误。

（3）讲解生动、简明扼要。教师的讲解应有助于吸引学生的听讲注意力，并帮助学生抓住讲解重点。

（4）讲解要有启发性。讲解过程中，善于诱导和启发，引导学生主动思考、举一反三。

（5）讲解的内容前后应有关联、符合逻辑。关联性教学内容的前后讲解有助于加深学生认知。

（6）讲解注意时机与效果。提高讲解效率，在学生注意力最集中、状态最佳时讲解重点、难点内容。

### 2. 口头评价法

口头评价是一种非常简单而且可以随堂和在课后都可使用的教学方法，主要是教师对学生的体育学练通过语言进行点评，对学生起到及时引导作用。

口头评价教学方法应用要求如下。

（1）多运用积极的评价，激发学生的积极性，促进教学活动的更好开展。

（2）使用消极评价指出学生的不足时，应注重语气和口气，避免打击学生，明确其提高的方法和努力的方向。

### 3. 口令、指示法

口令、指示法是武术教学常用教学方法，主要是用较为简短的字词句来提醒学生或提示学生接下来的动作，以及及时阻止学生的动作学练中出现的错误动作。

口令和指示法应用要求如下。

（1）教师应发音清晰、声音洪亮。

（2）教师对学生的口令、指示应尽量使用正面引导、积极性的词汇，并注意提示的时机。

（3）合理把握口令和指示的节奏。例如，教师在讲解后直拳时，可以将整个技术动作归纳为"蹬地、转腰、送肩、力达拳面"。

### （二）直观教学法

### 1. 示范法

示范法，是指在体育教学中，教师通过示范，让学生了解正确的技术动作定型、过程。示范法在教学中的应用一般要求教师的示范必须正确，同时注意把握好示范时机和示范面。

武术教学实践中，示范法的具体应用要求如下。

（1）目的明确，注意关键动作环节展示。

（2）示范动作正确、流畅。

（3）示范动作方便学生观看，可多角度示范。教师可站在横队的排头、排尾连线所构成的等腰三角形的顶点进行示范（图4-1），或站在相向而立的两列横队之间的空地进行示范（图4-2），或站在学生形成的半圆形或马鞍形的中间位置进行示范（图4-3）。

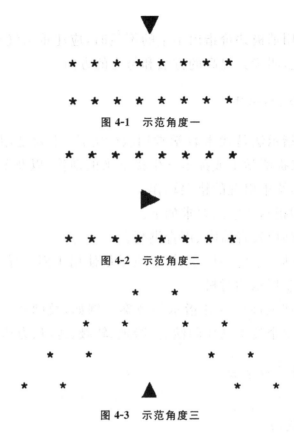

图 4-1　示范角度一

图 4-2　示范角度二

图 4-3　示范角度三

（4）示范应与讲解结合起来，以更好地加深学生对正确技术动作方法的理解与掌握。

2. 直观教具与模型演示法

武术教学中，会用到一些模型和教具，这些模型和教具的展示可令武术教学更加直观、生动形象。

教具与模型演示教学法应用要求如下。

（1）提前准备教具、模型。

（2）教具、模型全方位展示，如果介绍具体器材的使用方法可以让学生近距离体验。

（3）注意教具与模型的使用保护。

3. 助力与阻力教学法

助力与阻力是对技术动作的外力施加,是体育实践教学中常使用的教学法。

在教学实践中,教师通过学生在做相关动作时,给予学生身体部分以一定的助力或者阻力,帮助学生理解技术动作应在的位置,肌肉的用力紧张程度等,帮助学生正确理解技术动作的用力幅度、大小、身体所在位置等。

4. 多媒体技术法

多媒体教学,是现代武术教学法,是利用多媒体技术开展武术教学的方法。

多媒体教学方法应用要求如下。

(1)提前联系和安排多媒体教室。

(2)提前试用多媒体设备,确保教学如期、顺利开展。

(3)教师应熟练地对多媒体设备进行操作。

(4)提前编写好应用于多媒体教学的教学课件。

(三)完整与分解教学法

1. 完整教学法

完整教学法,是指武术教学中教师组织学生进行完整的技术动作练习。一般来说,简单的技术动作学生能一次性完成练习,学生有较强的理解和模仿能力,就能使用完整教学法组织学生进行整个技术动作的学练、巩固和提高。

完整教学法应用要求如下。

(1)完整学练动作前先给学生讲清楚分解动作要领。

(2)让学生完整练习动作前,教师应进行完整的技术动作示范,尤其是重点环节示范要清晰。

(3)完整教学法的应用应综合技术动作难度特点和学生的认

知、模仿能力特点。

（4）对学生具有一定挑战性的技术动作，教师可考虑难度适宜进行完整技术动作学练。

## 2.分解教学法

分解教学法，简单理解就是将技术动作进行逐步、小段的分解，各节、各段依次施教的教学方法。分解教学法往往适用于有难度的技术动作。

分解教学法应用要求如下。

（1）对技术动作的分解要注意科学，不能打破各环节之间的有效衔接。

（2）分解后的技术动作依次教学，熟悉后注意组织学生对学习环节前后的衔接结合练习。

（3）要努力使得技术动作分解与完整综合运用效果更佳。

## （四）预防与纠错教学法

受各种因素影响，学生在学习武术运动过程中难免会出现各种错误，因此，教师在武术教学中应及时发现和纠正学生的错误。预防教学法是对学生的错误认知、错误动作的提前采取阻断措施的教学方法。纠错教学方法是学生在武术教学中出现认知、动作错误后，及时予以纠正错误的教学法。

武术教学实践中，预防与纠错教学法应用要求如下。

（1）武术教学中，教师应在讲解过程中不断强化学生的正确认知，避免学生错误认知。

（2）教师在备课时可结合自己的教学经验对学生可能会出现的错误做好预防预案。

（3）对学生的纠错，要注意正确技术动作的讲解，使学生明确产生错误的原因，及时改正。

（4）可结合口头评价、提示、指示帮助学生及时预防错误和改正错误。

（5）结合外力帮助，运用推、拉、托等手段使学生明确正确技术动作的本体感觉。

（五）指导发现教学法

指导发现教学法，就是通过语言指导帮助学生发现武术教学内容的重点、难度，抓住技术动作的重心和关键环节，使学生更好地理解和掌握教学内容。

武术教学实践中，指导发现教学法应用要求如下。

（1）让学生养成预习的习惯，从而能使学生提前发现问题，带着问题听课。

（2）体育教师应注意教学过程中的语言、动作引导，注意举一反三，引导启发学生。

（3）教师可以组织学生进行小组合作，集合集体的智慧去发现教学内容中的问题。

（4）发现问题与分析问题是联系在一起的，教师应引导学生积极思考，找出解决问题的方法，在解决问题的过程中掌握武术教学的内容。

（六）游戏教学法

游戏教学法就是在武术教学过程中安排各种游戏让学生参与并掌握教学内容。通过游戏方式方法开展武术教学，能令武术教学更加生动，有助于学生积极性的调动。

武术教学实践中，游戏教学法应用要求如下。

（1）游戏应与教学内容相关。

（2）游戏内容应选择学生感兴趣的内容、方式。

（3）游戏开始前，注意对游戏规则、目的的讲解。

（4）游戏过程中，强调学生的积极努力、同伴协同配合。

（5）游戏结束后，教师应做客观、全面评价。

（6）注意教学安全。

（七）实战对抗教学

武术实战对抗是武术教学中的一个常见方法，在武术对抗实战内容教学中，教师可以通过具体的对抗案例进行分析，也可以组织学生在掌握好技术动作后，进行实战比赛。

对抗案例分析，应注意两点。其一，举例恰当，避免举无效案例；其二，对战术配合和战术组织的案例分析，要尽可能详细，并注意从多角度（如攻、守）分析。

组织学生对抗比赛，应注意以下几点。

（1）明确对抗比赛目的，通过老师讲解使学生懂得规则。

（2）分组合理，各组实力应相当，或结合教学需要安排差异性分组，体会具体情况下的战术应用。

（3）对抗结束后，教师应做客观、全面评价。

（4）注意教学安全。

# 第四节　武术课程教学设计思路

## 一、武术课程选课类型设计

（一）当前高校武术课程类型

目前，在我国高校中，传统武术教学课程开展的较为普遍。高校武术课程类型主要包括两种，一种是选修课，一种是必修课。

从教学理论指导来看，我国高校体育课教学大纲等教学文件中明确规定：在体育课中，要将武术课作为选修课开设。

从教学实际来看，我国很多高校的武术教学课程都是以必修课的形式出现的,这也表现了我国高校对武术课程教学的重视。

(二)武术选课制度和丰富课程内容

据调查发现,大部分学生在选课中的主体地位并没有得到充分体现,不少学生在武术教学过程中处于较为被动的地位。尽管学生能够选择自己有兴趣的一些武术运动项目,但是在教学内容、教学组织、教学模式、教学进度等一系列问题上,仍然是以教师为主,体现不出其自主性,这与传统的武术教学并没有太大的区别。

针对我国高校当前的选课情况不难发现,被动选课已经严重制约和影响了我国高校武术教学的发展,对此应重新考虑武术选课制度的修订,并进一步丰富高校武术选课内容。

具体来说,要进一步完善武术选课制度,应明确以下几点。

(1)结合学生的身心特点和具体教学实际,建立形式多样的武术课堂。

(2)丰富武术课程内容,以使学生可以以兴趣喜好和自身的身体素质条件为主要依据选择武术课程,从而充分调动学生学习武术的积极性和主动性,进而提高武术教学的效果。

(3)选修课与必修课相结合,设置不同课程类型,把如何参与和学习武术的选课权利真正交到学生手中。

## 二、武术课程教学目标设计

武术课程教学目标设计过程如下。

(一)教学对象分析

学生作为武术教学目标的实施对象,要实现教学目标,必须分析教学中的学习者。对高校大学生而言,主要分析以下几个方面。

（1）学生发育特点：生理、心理。

（2）学生学习风格，思考方式方法、对武术哲学的掌握程度。

（3）学生学习基础：基本功基础、武术知识、武术文化水平、武术学练经验等。

（4）学生学习和发展需要。

（二）教学内容分析

武术教学内容是武术教学目标实现的信息载体，不同阶段的教学内容输出可促进不同的教学目标达成（表4-1）。

表4-1　分析武术教学内容步骤

| 步骤 | 内容 | 说明 |
|---|---|---|
| 1 | 单元学习任务的选择与组织 | 教学准备 |
| 2 | 单元武术教学目标的确定 | |
| 3 | 武术教学任务分类 | 教学基础 |
| 4 | 武术教学内容的评价 | |
| 5 | 武术教学任务分析 | 教学提高 |
| 6 | 武术教学内容的进一步评价 | |

（三）教学目标确定

武术教学目标是否完整、明确、具体，对武术教学活动效果及顺利完成有重要影响。

武术教学目标的确定，应做到以下几点。

（1）要对各阶段武术教学目标进行明确确定，如是课时目标还是年度教学目标。

（2）对教学目标要做出具体、明确、精练而准确的描述，并明确武术教学目标与其他目标的关系（图4-4）。

（3）对教学目标实现过程中，师生的行为活动应有大体的安排，使"教"与"学"合理开展。

武术教学总目标

↓

武术课程领域目标

↓

武术课程水平目标

↓

武术单元教学目标

↓

武术课时教学目标

（武术教学目标的纵向体系）

（武术教学目标的横向体系）

**图 4-4　武术教学目标的体系**

## 三、武术课程教学组织设计

课程教学组织形式，是为完成特定的教学任务，教师和学生按一定教学思想、教学目的、教学内容以及教学的主客观条件，组合起来进行活动的方式。

武术教学组织形式具有可变性，结合当前我国高校武术教学实际情况，可重点从以下两个方面来明确武术课程教学组织设计，进而指导武术课程教学实践。

（一）水平教学组织设计

（1）根据单元武术教学计划目标及内容标准要求确定课程水平教学目标，研究教学目标。

（2）对武术教学目标进行分解，将其具体到各个学期中去，对目标进行细化。

（3）对不同学期的武术教学目标的实现选用不同的武术教学内容，使各阶段武术教学内容的实施能为武术教学目标的实现服务。

（4）充分考虑学校武术教学实际，合理安排课时，注意各部分武术教学内容的课时合理分配。

（5）制定简便、实用的武术教学计划。

（二）单元教学组织设计

（1）确定武术单元教学目标。

（2）根据武术教学的学期内容,确定武术教学的单元教学内容。

（3）根据武术教学的单元教学内容,确定具体的学习步骤、课时数。

（4）根据学生特点,安排补充相应的武术教学内容。

（5）设计武术教学的单元教学计划。

（三）课时教学组织设计

结合武术课堂教学实际,选用得当的武术教学流程与教学活动安排程序,如示范型(图 4-5)、练习型(图 4-6)和探究发现型(图 4-7)。

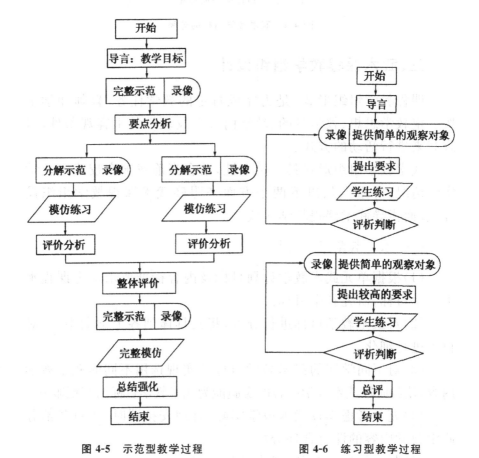

图 4-5　示范型教学过程　　　　图 4-6　练习型教学过程

武术教学过程中,教师可通过设置特异的情景让学生进行尝试性练习、小组学习。在尝试练习、学习中,学生可能遇到各种问题,对于这些问题,教师应有针对性地进行纠正,以不断提高学生的知识、技能的掌握。高校武术的教学组织设计并非一成不变的,教师应结合具体的武术教学实际情况及其变动进行灵活调整,以完善武术教学组织、调动学生的武术学练的积极性和主动性,进而实现武术教学效果的不断优化。

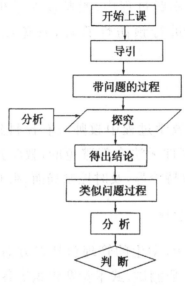

图 4-7　探究发现型教学过程

## 四、武术课程教学管理设计

（一）课堂有效控制

武术教学活动的有序开展离不开教师对武术课堂教学的有效控制,教学活动的流程应设计合理,以确保各项武术教学活动的顺利开展。

但是,由于武术教学是开放式的教学,教学活动开展过程中可能发生各种问题。鉴于此,为了保证武术课教学活动的顺利进行和教学目标的实现,教师应时刻监控课堂教学活动的效果,一且教学将达成的目标与预先设定的目标出现偏差,应及时分析偏差产生的原因并采取纠偏措施。

（二）课堂违纪制定

课堂违纪,即学生违反课堂纪律或课堂有关规定的行为。课堂违纪行为的预防控制主要取决于明确的课堂常规和行为标准、学生的成功经验、良好的课堂环境、和谐的师生关系等。

高校武术教学实践过程中,教师应在学生违纪行为产生之前,及时采取措施进行预防性管理,避免或减少违纪行为的产生。

（三）偶发事件处理

偶发事件指在教学过程中教师没有预料到的突发事情。武术课教学中,偶发事件无法全部避免的,教学过程中一旦有偶发事件发生,教师要保持冷静,及时控制局面,果断处理。

（四）学生信息管理

传统武术教学中,学生的管理包括多方面的内容,包括必要的学生工作、定期体质测试、武术竞赛组织等各种问题。

随着科学技术的不断发展,数据管理引入教学管理,使得学生信息管理变得快速、准确,并且能够便捷地进行查阅,极大地方便了教师建立学生信息档案,可以实现对学生的高效管理,令教学更加完善。

学生管理的信息化要求在管理过程中,将学生的基本信息与其各项体育信息结合在一起,建立高校学生体育管理有机体。

武术教学中,实施学生信息管理,要做到两方面工作,一方面,建立学生的各项数据库,并对其进行实时的更新。要在体育实践过程中完善学生管理系统。另一方面,实现数据共享,信息的共享是学生管理信息化的重要内容,通过对学生的各项信息进行数据处理,进行收集、处理和储存,实现信息的共享。通过信息的有效传导,改善包括武术教学在内的整个学校武术教学的效率和质量。

目前,我国武术教学管理的信息化水平较低,其应用效果也与其他领域有着较大的差距。

# 第五节  武术国际化教育发展趋势展望

## 一、依托赛事扩大武术文化影响

要想在世界范围内开展武术文化教育与武术文化传承,首先就必须要让更多的人知道、了解中国武术,对中国武术产生兴趣,这是进一步在世界范围内开展武术教育的重要前提。

（一）打造国际赛事,宣传武术文化

### 1. 完善竞赛规则

竞技体育是世界体育发展的主流,传统武术的现代发展必须走竞技化发展道路,要实现竞技化发展。竞赛规则是影响运动项目发展的重要因素,竞赛规则直接制约着运动技术的发展方向和发展速度,武术发展同样是跟随持续变化的规则而发展。

随着武术的不断发展与变革,我国现行的武术竞赛规则已经存在很多有待完善的地方,因此,武术应不断汲取国外高水平搏击术的优点,联系自身实际情况,合理修改各项具体规则,充分发挥规则对武术竞技化发展的指引作用。

武术的传承与发展需要依靠全世界的力量而非仅仅依靠中国人民,武术文化是整个人类社会的重要文化遗产。推广武术,要面向全世界,闭关自守不可取,我国武术不同级别的协会需要积极举办各类赛事活动,不断增加武术交流,主动举办国际级武术比赛,提高我国传统武术在国际上的影响力,同时主动大力举办不同拳种之间的切磋沟通赛事,加大与其他国家高水平搏击术的切磋交流,促进武术的国际化发展。

## 2. 优化赛事体制

在竞技体育发展方面,西方国家有着丰富的经验,我国建立和举办武术赛事,可以积极借鉴西方在赛事创办与运营方面的成功经验,但是,注意不能完全搬用西方国家的运营模式。在全球化的今天,传统武术市场化建设应当以自身实际为出发点,不断促进中国传统武术赛事的规范化发展。

## 3. 多元化运作赛事

当前社会,快节奏、市场化不断深入,休闲社会在全世界范围内正在形成并不断扩大,广大群众的思维意识也在不断变化,公众对娱乐的关注程度不断增强。在这种良好社会发展形势下,要想提升传统产业,必须积极融入娱乐创意要素。在我国传统武术赛事的运营过程中,如果能积极融入更多娱乐元素,来适应时代发展与大众娱乐需求,则能够吸引更多的人参与到传统武术赛事中,由此可进一步扩大武术赛事的影响。

在赛事多元推广运作经营方面,可积极参考 NBA 的发展模式。例如,NBA 联盟和游戏公司联合开发了独创的电子游戏,发布游戏后获得了青少年的广泛关注,取得了巨大反响与商业价值。我们可以积极开发传统武术游戏,其不但能吸引受众,还能提升自身商业品牌影响力。此外,近年来,NBA 的很多项规则均处于持续变化中,目的是增强比赛的观赏性与激烈程度,进而实现娱乐大众的目标。在制定规则方面,传统武术比赛建立首先要做的就是打开观众市场,有观众关注赛事,是赛事进一步发展的基础,结合观众需求适当完善赛事有助于扩大武术赛事影响。

(二)树立品牌形象,让武术文化深入人心

要想持续扩大武术赛事影响,打造国际武术赛事品牌,就必须树立品牌意识,打造良好武术赛事品牌形象,并积极开发品牌衍生品,促进武术赛事的多元发展。

打造国际武术品牌赛事,走好武术市场化路线,积极树立武术品牌,应重点做好以下几方面的工作。

(1)树立良好的品牌形象,提升武术品牌文化是核心内容。武术具备巨大魅力的原因是:其蕴含着中华文化的发展历程。树立武术品牌形象,不仅要赢得观众支持,还要努力提高文化内涵,应当尽全力打造具备高度差异性、识别性以及灵活性的传统武术。

(2)培育忠诚消费群体。以 NBA 进入我国市场为例,据说1998 年之前 NBA 在我国转播节目的信号是免费的,有时还会花钱请央视工作人员前往美国进行 NBA 重要赛事现场直播。当年看似亏损的买卖却在如今我国市场获得巨大收益。为此,应从长远角度进行思考,循序渐进地培养观众对武术的兴趣。

(3)开发品牌衍生品。品牌衍生品能够拉近品牌与消费者的距离,强化消费者对品牌的理解与认识,如开发运动衫、帽子、鞋、影视作品、广告口号等。

(4)和某些知名企业、明星合作,提升自身价值,达到共赢。

(5)充分利用媒体攻略,实现电视、广播、平媒、网络、新媒体、户外、宣传品、票务网及现场等全方位、多角度宣传。利用强势宣传以及不同种类的线上线下活动,构建出大创意、大制作的赛事品牌包装,让品牌深入人心。


## 二、在孔子学院设置武术课程


### (一)孔子学院的成功经验

随着我国社会经济的不断发展,我国综合国力不断提高,并在世界范围内的影响越来越大。随着"中国形象"的塑造,以及国际地位的提升,"汉语热"的国际化势头不断升温,最重要的标志就是众多孔子学院的建立。

孔子(公元前551—479)作为儒学的创立者,其核心思想集中于"忠恕之道"或"中庸之道",也就是今天的"理想主义""和谐友善"。这些思想不仅深深地影响着中国人,而且影响到国外。

2004年,我国教育部启动了在国外培养汉语教师和介绍中国文化的计划,拟协助各国建立100所孔子学院。先后在美国、瑞典、日本、韩国、肯尼亚、德国等国家办起了孔子学院,仅一年时间在五大洲已开办了26所,可谓办院迅速。到2011年底,已扩展到世界上100多个国家或地区,并建立了353所孔子学院和500多个孔子学堂。

(二)孔子学院开设武术课程的重要决策

近年来,我国教育部明确要求:所有孔子学院应适当设置武术课程,一文一武,相得益彰。

通过孔子学院来推广我国武术文化,能借助孔子学院在国际上的影响和成功的组织设置、组织运营,来逐步推广我国武术文化。同时,通过孔子学院来推广武术文化,能帮助国际友人从正规的渠道来了解、认识我国武术文化。

## 三、完善中国武术的对外教学与培训

(一)扩大高校武术留学生招生

现阶段,随着我国综合国力的不断提高和高等教育的不断发展,每年来我国高校留学的学生人数不断增多,很多留学生对中国传统武术文化具有浓厚的兴趣,在一些知名高校的武术选修课中,也不乏留学生选修武术。

中国武术文化博大精深,对外国留学生具有很强的吸引力。留学生在中国留学期间,总能从各种渠道了解到中国武术,其了解武术的渠道具有多样性的特点(表4-2),这就增加了留学生对中国武术文化的选课比例,很多留学生都对中国武术保持着较高的好奇和学习热度,他们想通过来华留学来学习中国武术、了解中国文化。也有的想通过武术达到健身养生、参加武术比赛等目的(表 4-3)。[①]

表 4-2　留学生了解武术的渠道

| 渠道 | 频率 | 百分比/% |
|------|------|----------|
| 影视 | 29 | 25.7 |
| 培养介绍 | 29 | 25.7 |
| 学校宣传 | 17 | 15.0 |
| 网络 | 15 | 13.3 |
| 武术书籍 | 15 | 13.3 |
| 其他 | 8 | 7.0 |

表 4-3　留学生武术选修与学习目的

| 目的 | 百分比/% |
|------|----------|
| 参加比赛 | 50.0 |
| 了解中国文化 | 46.2 |
| 防身 | 40.4 |
| 就业 | 28.8 |
| 养生 | 23.1 |
| 健身 | 11.5 |
| 其他 | 34.6 |

　　针对我国高校武术对外国留学生有着较吸引力的现状,我们可以扩大对外留学生招生的途径,并在对留学生的武术教学中重

---

① 张昌来,周明进,陈蔚,吴建军,权海鹏. 武当武术内容的分类特点[J]. 郧阳师范高等专科学校学报,2015,35(06).

视武术的内容、形式、礼仪、服饰等,还要尽力突出中华民族传统文化特色,并采用留学生易接受的教学形式,编写专门针对外国留学生的武术专用教材。此外,注意传授武术技能的同时,传导武术文化。①

（二）在国外设武术教育培训点

在国外,通过国内院校与国外院校的"交换生"项目、文化交流、定期培训等多种校际间的交流活动,开展短期的武术文化宣传和培训,宣传中国传统武术文化。

在武术国际化教育培训中,应充分发挥我国主办或承办中国武术竞赛或武术表演等交流活动的机构,组织或个人对国外武术教育培训的指导、支持作用。这些组织和机构无论大小都应该不遗余力地为武术的国际化教育宣传提供人力、经验支持,具体涉及以下武术组织和个人。

（1）国际武术联合会。

（2）我国国家体育总局武术管理中心。

（3）我国各省、市、县武术运动管理中心。

（4）各国各地的武术协会、武术团体。

（5）我国援外教练员和赛事专家。

此外,还可以结合国外武术组织,在国外建立武术教育培训中心,专门针对当地的武术运动爱好者开展武术教育活动。

（三）推广武术段位制教育培训

中国武术协会推广的"中国武术段位制"是普及武术,满足全民健身需要的又一重要举措。作为普及武术的一种手段,段位制在我国已经实施十余年,收到了良好的效果。为保持武术段位制在国际化发展中考评标准的一致性,出台了《中国武术段位制》管理办法的"海外要求",对在海外设立和实施武术段位制进行了明

---

① 杨啸原.论高校对外武术教学文化传导问题[J].首都体育学院学报,2013,25(01).

确的规定。具体包括如下内容。

段位管理——要求有关海外武术传习人和爱好者考取中国武术段位制的管理工作统一由中国武术协会段位制办公室负责。

武术培训——各地武术组织在开展涉外武术培训、比赛等活动时,如拟结合《中国武术段位制系列教程》内容开展段位活动,可向中国武术协会段位制办公室申请。中国武术协会将批准具备相关条件的单位承办这类活动。

对于在海外实施武术段位制,应具体做好以下工作。

### 1. 充分发挥各国武术组织的作用

在中国武术不断向世界范围内广泛传播的当下,各国对中国武术都表现出了极大的兴趣,纷纷成立武术组织,并积极加入国际武术联合会,在国际武术联合会的带领下,推动本国的武术活动的开展。

目前,全世界范围内,已有 142 各国家和地区的武术组织加入了国际武术联合会(截止到 2018 年),国际武术联合会的总部设在北京,在世界范围内具有广泛的国际影响,在推动国际间武术文化的发展方面发挥了重要作用。

当前,要想进一步推动和规范国际武术的发展,就必须要充分依靠国际间武术组织来开展各种各样的武术工作。因此,要推广武术段位制,就需要充分发挥国际武术组织的重要作用,通过武术组织,促进武术段位制在世界范围内的宣传和普及。

### 2. 选派武术专家和评委巡回指导

在国际范围内推广和普及武术段位制,离不开中国相关组织开展大量工作,作为中国代表性文化,在推广武术文化在国际范围内发展方面我国相关组织具有重要的责任与义务的。

现阶段,要进一步推广武术段位制,中国武术协会应积极协调和帮助各国武术组织做好段位制的技术培训和考评员培训,要使参与培训的人员学懂《中国武术段位制手册》中的相应规定。

在武术官方组织进行宣传的基础上，还应该积极借助有影响力的国际组织、信息平台、广播、网站等来推广武术文化，推行武术文化的相关新举措，以此来扩大武术在世界范围内的影响。如2012年6月，中国第一位女航天员刘洋在"神舟九号"上秀了3分钟的太极拳，这对中国传统武术文化在世界范围内的传播是意义非凡的。

武术段位制在世界范围内的推广，应积极借助我国和世界范围内具有广泛影响力、知名度较高的电视、网络等媒体的宣传。

### 3. 加快推进"武术段位制"出台

在实施和推广国际武术段位制上，我国必须加快研究并积极出台武术段位制，并对其不断进行完善和推广。

当前，在武术段位制方面，实施九段制，具体见表4-4，对于各个段位的申报和段位授予办法都进行了详细的规定。

表4-4　武术段位制

| 段位 | 级别 | |
| --- | --- | --- |
| 初段位 | 一段 | 青鹰 |
| | 二段 | 银鹰 |
| | 三段 | 金鹰 |
| 中段位 | 四段 | 青虎 |
| | 五段 | 银虎 |
| | 六段 | 金虎 |
| 高段位 | 七段 | 青龙 |
| | 八段 | 银龙 |
| | 九段 | 金龙 |

在国际武术教育培训中，必须充分认识到，当下"重技轻文"的武术传播是否能够为推动中国文化的繁荣做出贡献，是否可以使中国文化弘扬世界的美好愿望得以实现。这些问题的思考和合理解决将关系到我国武术文化的国际化可持续发展。

　　在国际武术教育培训中,重视"重技轻文"的武术技能传承也好,大力推广和宣传武术段位制也好,都不能脱离武术文化的宣传和教育,武术技术、武术段位制都是表层的武术文化,是深层文化的载体,而非武术文化的主体。武术的国际化教育培训、宣传、传承,不仅要传播武术技术文化,还要推广武术深层文化,在传播武术技术的过程中将更多的中国传统文化的价值观传播、传承给全世界各国人民。

# 第五章 利用地域优秀传统武术文化丰富武术课程资源

我国地域辽阔，多民族呈现出"大杂居小聚居"的现状，不同的民族在各自民族长期的发展过程中形成了各具风格与特色的民族文化。武术文化是我国优秀的传统文化，我国各地域所居住的不同民族也具有本民族的武术文化，这些民族武术文化具有典型的民族文化特色，极大地丰富了我国各民族人民群众的社会文化生活，也丰富了中华民族武术文化体系内容。在当前我国高校普遍开设武术课程教学的现阶段，将各地域的民族武术文化纳入各地区的武术教学，不仅有助于丰富学校武术教学内容，还有助于体现地区民族特色，能更好地结合各地各校的具体情况开展武术教学，有助于进一步丰富学校武术教学内容，提高学生学习武术的兴趣，更有助于促进学校武术文化教育的开展与促进不同民族武术文化的教育传承。本章主要针对当前武术教学课程资源的不断丰富与各民族武术文化教育教学情况进行全面、深入解析。

## 第一节 地域武术文化概念的解读

### 一、地域武术文化的概念

（一）地域文化

地域文化，又称"区域文化"。地域文化研究是针对不同地理环境的文化研究，具体讲是借助人类文化空间组合的地理人文学科进行的对中国各地不同区域的文化的研究,它是特定区域的人们在特定的历史阶段创造的具有鲜明地域特征的文化。[①]

地域文化是一种区域文化,它只在一定的地域范围内影响人们的生活,根植于人们的自然文化之中,地域文化是人类文化的重要构成内容,受人类生活和文化的影响。

(二)地域武术文化

武术文化是中华民族的代表性文化,地域武术文化具体是指各个不同的地区内的具有一定的鲜明的地域性特征的武术文化。

地域武术文化与不同地域的当地居民的生活、习俗、民族性格与心理等具有非常密切的联系,它来源于当地人们的生产生活,受该地区的社会、经济、文化等的影响,地域作为文化的构成内容,武术的发展也影响了人们文化的发展。

## 二、地理环境、地域文化与地域武术文化的关系

(一)地理环境与武术文化

不同的地理环境上所产生的地域文化具有明显的地域性差异。地理环境对地域文化的形成具有重要的影响,对于地域文化中的武术文化也有重要影响。

地理环境对地域武术文化的影响具体表现如下。

1. 地理形态对地域武术文化的影响

地理形态对地域武术文化的影响主要表现在武术流派的形式上,中国武术的流派是从地域性文化派生出来的。受地理环境的制约,各流派的习武之人所使用的技击器械和格斗本领都有独特的一面。从地域文化角度来讲,我国地域武术文化形成了南、

---

[①]　蔡仲林,周之华. 武术(第 2 版). 北京:高等教育出版社,2009.

北两大派系的武术文化。"南拳北腿"是对地域武术文化流派影响的最精简概况。

(1)北派武术。我国北方多平原,平原地带地形平坦,面积大、人口少,冬天气候寒冷,活动范围大,在搏斗和武艺较量的过程中,敌我双方都有较大的回旋余地,武术技法多以腿法见长。

北方武术的技法多体现在腿法上,如弹、蹬、踹、铲、勾、扫、摆、撩等运用较多,套路中动作舒展大方,且古战争多以骑战为主,比较注重下肢的踢打作用,所以形成的武术风格是:腿部的动作多而且幅度大,擅长力量和腾空跳跃,充分体现了"一寸长,一寸强"的特点。

(2)南派武术。我国南方一带河流纵横,湖泊众多,人多水多山多,大部分地区属丘陵地带,生活区域狭小,武术以拳法见长,而且技法更加细腻。

南方狭小的空间环境中,不允许运用大幅度的腿法进行搏斗,南方古战争多用于战船和徒步格斗,擅长于上肢的搏斗厮杀,与人搏斗,首要考虑的是自身的稳固性,正如拳谚所说"起腿半边空"。因此,武术技术中腿部动作的减少,只能在步法稳固时近身靠打,追求身法敏捷,步伐小而快速多变,强调拳法的精湛,发挥"一寸短,一寸巧"的优势。

南方武术以手势变化多、身体灵巧、反应敏捷为特色,显得比较小架,这样就形成了"南拳北腿"之说。

我国地形地貌复杂,地域辽阔,加上古时交通不便,高山大川阻隔了不同地域所产生的各个流派间武术运动的交流与融合,因此,在传统武术的发展过程中,各地区的独特的地域中,相对封闭的天然屏障使传统武术运动在各自地区相对独立发展,形成了各区域的武术文化表现出鲜明的地域文化特点。

## 2. 气候对地域武术文化的影响

地理位置不同,决定了地理气候环境与特点的不同,气候及其变化是构成地理诸要素中最敏感、最活跃的重要因子。气候环境的变化不仅是比较迅速的,且对社会及其文化影响巨大。

清代郭希汾说:"技击之南北二派,实由于天时地理之关系,出诸天演之自然,非人力之所能为也。盖北方气候寒冷,饮食粗劣,北人生具其间,耐辛茹苦,成为习惯,故盘骨强健,远胜南人。体质既殊,斯其技击之术,亦有不同。北派之拳术,气势雄迈,力量深厚,有非南派所能及者,不过北人生性迟钝,不若南人之灵活,南派之技击,其变化神奇之处亦有驾北派而上之者。"由此可见,气候条件对武术风格之影响。传统武术,套路繁多,内容丰富。

受到不同地域的地理环境、风俗习惯影响,我国不同地域、民族的武术风格不同。

例如,我国北方草原地带,人们以畜牧业生产为主。由于长期受草原游牧文化洗礼,养成了这里的人们粗犷豪放和热情洋溢的特点,本地区的体育活动主要趋向于体力积蓄与自然较量的文化内涵,自然就产生了摔跤、散打这种独具民族特色和地域特色的武术形式。

再如,我国南方山林、水域附近的民族,居住在和风细雨的温暖气候中,逐渐形成了心思缜密、情感丰富、善察秋毫、智巧黠敏的性格。南方的武术拳种多呈现出步法稳健、手法灵活、拳势劲悍、短小精悍、以柔克刚的特点。

(二)地域文化与武术文化

地域文化包括了地域武术文化,地域武术文化是地域文化的重要组成部分,是在地域文化基础上产生和发展起来的,同时受到地域文化的重要影响。

不同地域的自然地理环境对该地区文化的发展具有重要的影响作用。良好的自然地理环境,无疑是很利于人类的生息、繁衍的,能为该地区居民的社会生产力的发展提供便利,保证其生产生活富足;相反,如果某一地区的自然环境非常恶劣(如高海拔、极寒、极热等),不宜人类生存,但却也能激发当地人的生存智慧,这种生存智慧和民族强大的生命力都会表现在地域文化中。

自然地理环境的不同,可直接决定不同地区的人们的生产生活方式,不论是地处黄河流域,还是长江流域,人们"日出而作,日落而息,凿井而饮,耕田而食",长期以来过着男耕女织的生活,构成一种自给自足的复合型经济。这种经济模式,使人民从事着周而复始的农业生产,自给自足,追求安定,这种生产生活方式催生了"人与自然和谐发展""天人合一"的哲学思想,这种早期的朴素的哲学观也造就了我国传统武术中的"物我合一""内外合一"的思想。传统武术的习练追求人体与天地、自然和谐生存,对于习武者而言,习武并非为了"掠夺""争夺",而是"止戈",追求健身、养生,追求身心和谐发展,充分表现了中原地区人们的"中庸""平和"的民族性格和武术个性特征。

地域武术文化受地域文化的影响,也受到地域的政治、经济等因素的影响,不同地域的社会政治、经济和文化因素交织影响地域武术文化的发展,使得不同地域的文化表现出不同的风格、特点,其中也包括武术文化。

# 第二节　典型地域武术文化的特征分析

我国地域辽阔,结合不同的分类标准可以将我国地理版图分成不同的地域。从文化的角度来看,根据不同分类标准也可以将我国分成不同的地域文化区域,以地理空间划分的黄河流域武术文化、长江流域武术文化、珠江流域武术文化;以文化空间划分的少林武术文化、舞蹈武术文化、峨眉武术文化。这里主要从武术文化空间的角度对以下三种典型地域武术文化进行详细分析。

# 一、少林武术文化

（一）少林武术的起源与发展

1. 少林武术的起源

少林武术起源于我国河南地区，嵩山少林寺是少林武术萌生和发展的摇篮。关于少林武术起源，流传最广的有以下几种说法。

（1）达摩创少林。相传，少林武术由达摩所创。据说达摩在公元 477—499 年游历至嵩山少林寺，为改变弟子禅坐过久后的精神不振状态、缓解疲劳，创编了一套"活身法"，帮助僧人锻炼身体、保护寺院。这些锻炼身体的动作、功法被视为少林拳术的雏形。

（2）佛陀创少林。少林武术由少林祖师跋陀（也称"佛陀"）的弟子慧光和僧稠创建。相传，跋陀游学至佛法兴隆的北魏国，当即受到喜欢研究佛法的魏孝文帝的欢迎，其为跋陀修建了少林寺，跋陀便在此为众人讲经。慧光是跋陀在旅行时所收的弟子，当时慧光正在踢毽子，跋陀认为慧光的专注度很高，是可塑之才，便将其带回少林寺；僧稠是跋陀的另一位弟子，他聪明过人、记忆力超群、体魄强壮、擅长摔跤。慧光和僧稠在少林佛法的研究和普及方面作出了积极的贡献，并注重锻炼身体，带领僧众一起进行拳术的习练，此为早期的少林武术内容。

（3）少林寺武僧自创。少林寺最初是佛教的一个重要宣讲、传播基地，少林僧人们在宣讲佛教思想和文化的同时，为了健身，同时也为了保护少林寺的安全，在宣教之余进行身体锻炼，经过几代少林武术众僧侣长期修禅、修道、健身和自卫，少林武术在这一过程中形成，少林武术与佛教紧密结合在一起，形成一个独立的武术流派。少林武术从北魏开始萌生，距今已有一千五百多年的历史。起初，为保护僧院安全，少林寺召集院内组建身强力壮、善用器械的僧人成立武僧队伍。目前这一少林起源学说是比较客观的,得到了最多学者的认同。

## 2. 少林武术的发展

在我国封建社会,佛教是一个影响非常大的宗教,在许多朝代都受到了统治者的重视。

由于很多统治者喜欢和推崇佛教,少林寺成为皇家寺院,僧人不断参与政治活动,少林寺也担负起保护朝廷的重要责任,由此出现了少林僧兵。在特定的历史环境下,少林寺开展有组织、有纪律的僧兵训练,少林武术不断向高水平技击武术发展,一代又一代的僧兵曾为民族、为正义而战。少林寺与少林武术名声远扬,并逐渐成为中原武林第一门派。

我国封建社会,佛教的国情化极大地促进了佛教与传统武术的相结合,少林武术是佛教文化与中国武术文化结合的一个典型。在思想方面,佛教禅宗文化渗透到武术文化之中,促进了独具特色的少林武术文化的发展。

近代以来,少林武术多在民间流传,习武成为民间百姓反抗国外势力、封建军阀、地主恶霸等的压迫的重要表现方式。

中华人民共和国成立后,我国强调传承与发展传统体育文化的重要性,在促进武术发展方面,先后成立武协保护和推广少林武术。为了促进武术的发展,将其列为1959年第1届全运会正式比赛项目。1994年,武术成为亚运会正式比赛项目,我国传统武术走上世界体育发展舞台。

进入21世纪后,少林武术文化与少林寺名扬世界,2006年,少林武术被列为"非物质文化遗产"。当前,少林武术闻名世界,许多国外习武爱好者认识中国武术都是从少林武术开始的。

### (二)少林武术的门派

少林武术历史悠久、内容丰富,在长期的发展过程中,逐渐形成了多个流派,并有南北少林的区分。

（三）少林武术的内容

少林武术内容丰富,不同流派的武术内容具有不同的功法练习特点,根据不同的分类依据,可以将少林武术分为多个类型,一般来说,武术有武功和器械之分,其中,武功又可细分为如下几种。

1. 少林内功

少林内功注重精神方面的修养。少林内功包括三种档势和四种动作。少林内功习练,可通过身体内环境的改善改变习武者的身体形态和精神面貌。

三种档势——站裆、马裆、弓箭。

四种动作——前推八匹马势、风摆荷叶势、倒拉九头牛势、霸王举鼎势。

2. 少林外功

少林外功是与少林内功相对的一种武术功法练习,常见的外功功法主要有铁砂掌、金刚指、鹰爪功等。少林武功大部分都属于外功和硬功,常见功法拳术有以下几种。

（1）七星拳,参照天下北斗七星创立的少林拳法。

（2）少林五拳:以龙、虎、豹、蛇、鹤的动作特点为基础创立的少林拳法。

（3）少林花拳:泉州少林寺护寺拳艺之一,福建稀有拳种。特点是出手敏捷,打不露形,粘衣即打,手到劲发,离身消劲。

（4）少林罗汉拳:原为强身健体的拳操,后演变为格斗拳。

（5）其他:少林童子功等。

3. 少林柔功

少林柔功是一种专门进行身体柔韧性练习的重要武术练习方法,如少林柔拳、少林柔骨功,可有效提高肢体关节活动幅度和肌肉伸展性能。

### 4. 少林轻功

少林轻功是少林寺历代武僧经常研练的武术功法,一般专练纵跳,提升人的跑、跳、攀爬能力,具有"轻"和"稳"的特点。少林轻功多为负重练习,练习过程中通常借助沙子、石头等进行,使得习武者在具体的武术功法练习中提高弹跳技巧,令身体更加灵活和轻盈。

### 5. 少林气功

少林气功是少林武功的一大类,包括练气和养气。少林寺流传的气功有很多种。比较常见的主要是少林硬气功、易筋经。

## (四)少林武术文化特征

### 1. 禅武合一

少林武术与佛教文化之间关系密切,相互渗透。佛教起源于印度,其传入中国后与玄学文化相结合,形成中国佛教的"禅宗"文化,禅宗在少林武术文化中具有诸多表现。

少林武术从佛教圣地嵩山少林寺发源而来的,少林寺作为佛教宣传的重要基地,深受佛教教义和哲学文化的影响,使得少林武术在习练过程中具有了佛家的"禅"文化。

少林武术的禅武合一是武术习练的一种自我约束和制约。从表面来看,禅和武术是两个截然相反的形态,禅以"静"为特点、武术以"动"为特点。但是禅心运武为少林武术增加了关于哲学与人生的思考,对少林武术的技术风格产生影响,并使得属于暴力和攻击行为的"少林功夫"和宣扬"大慈大悲""积德行善""反对杀生"的佛教紧密结合。

少林武术的"禅武合一"不仅影响着少林武术自身的发展,也在很大程度上影响着我国武术的发展。重视禅修是习武之人的一个重要修行课。

## 2. 朴实无华

少林僧人多待人真诚、朴实,不投机取巧,务实是少林僧人学习佛教文化的重要表现,如"出家人不打诳语"正是务实的表现。少林武术具有朴实无华、攻防兼备的技法特点,每招每势,都不掺杂哗众取宠的内容。

## 3. 刚柔相济

刚健有力、刚柔相济是少林武术的重要特点之一。所谓"刚",就是硬,少林武术出招又硬又猛,能给予对方重击,可实现一招制敌,如大洪拳的轰手、炮拳的崩捶等。所谓"柔",就是不和敌人硬碰硬,善于发现、抓住和攻击对方弱点。

少林武术的刚柔相济则指刚中有柔、柔中带刚,如出招时发力猛,收招时滑柔轻浮,充分体现了刚柔相济。

# 二、武当武术文化

武当武术文化为国家级非物质文化遗产,是内家拳的代表,经历了 700 年的发展,技术、战术内容丰富,理论成熟,自成体系,共有 239 套拳术套路,道家、道教武术含量高,具有鲜明的武术个性和道家武术内涵。[①]

## (一)武当武术的起源和发展

"武当"为地名,据史料记载,春秋及战国早期,武当山地区已有多个古氏族部落存在,这些古氏族部落好习武术、英勇善战。武当地区"东达齐豫,南通巴蜀,北抵三秦,舟车可至,实为八方之咽喉",战略地位重要,秦楚等国关隘常用"武"字形容军事要地,

---

① 张昌来,周明进,陈蔚,吴建军,权海鹏.武当武术内容的分类特点[J].郧阳师范高等专科学校学报,2015,35(06).

"武当",就是以武力阻挡。"当"就是"挡"的意思。

武当武术与道教的发展具有十分密切的关系。道家文化以养生为核心,在日常的修行中非常注重自身精气神的蓄养,练习武术首先是为了养生,武术攻防技击并非道教武术的根本目的。

武当武术在张三丰之前已经初具形态,之后有很多习武之人再次修行,武当地区的习武者逐渐增多,彼此之间相互影响,并具有了一定的影响度,许多习武之人都来此拜访和偶遇习武修为高的人。

武当道教聚集了很多道教士,这些道教士共同研究健身养生之法,久而久之,便产生和形成了道教文化,道教文化与道教士的健身养生探索共同在武当地区萌生、发展,逐渐形成了武当武术。

相传,张三丰是武当道教文化和武当武术文化的创始人。张三丰是一个非常伟大的思想家、养生家,他深入研究儒、佛、道三家文化,得出"修身利人"的结论。张三丰认为,虽然儒、佛、道三家的创立者不同,所提倡的核心文化和价值不同,但都离不开讲"道"。

与其他宗教文化相比,道教是我国本土宗教,其根植于我国传统民族文化,对武术文化的发展具有非常重要的影响作用。道教文化以老子和庄子的思想为基础,强调"我命在人不在天,还丹成金亿万年",无疑,道教更加重视自身现世的发展,不祈求来生。

(二)武当武术的门派

武当武术是我国的一个重要的武术流派,历史悠久,具有一套完善的理论体系,涉及养生、炼药、武术养身等多方面的内容。经过多年的发展,武当武术成为我国传统文化的重要组成部分,以其独特的文化风格彰显着中国传统的哲理,阴阳五行、养生、八卦等理论,并体现在拳法动作和功法原理中。

在武当武术的影响下,诞生了很多门派。这些门派的武术形式和内容丰富多彩,但都或多或少的受到武当武术的影响。其中,最为人们所熟知的武术套路有太极拳、形意拳以及八卦掌等;器械类武术主要有太极剑、太极枪等,此外还有一些轻功和气功等。

武当太极拳和武当八卦掌是武当武术文化的代表。

### 1. 武当太极拳

武当太极拳是武当武术的集大成者,其由太极、两仪、无极等多元拳术、功法构成。太极拳在漫长的历史发展进程中逐渐形成了自身的一套完善的太极体系,包括动作套路、技法原理与太极思想。

武当太极拳由张三丰在整理各内家拳法的基础上所创,其后,发展成为多种流派和风格体系,如陈氏太极、杨氏太极。

太极拳是典型的道教武术项目,所谓"道法自然",道教思想影响下的太极拳重视人与自然的和谐,不主张攻击,主张顺其自然。武当太极拳蕴含八卦、九宫之理,强调随心境而生,以柔克刚、以静制动,具有"四两拨千斤"的效果。

中华人民共和国成立以后,为了在广大群众中推广太极拳,1956 年,我国在杨式太极拳的基础上删去繁难和重复的动作,选取 24 式,编成"简化太极拳"。当前,简化太极拳是我国大众重要的健身项目,在推广大众武术健身方面发挥了重要作用。

### 2. 武当形意拳

形意拳是典型的道教思想影响下产生发展起来的传统武术文化项目,形意拳的拳理来自道家文化,其技法理论充分显示了道教武术文化的技击卫身思想,而非主动出击。

### 3. 武当八卦掌

八卦掌,又称"八卦连环掌""游身八卦掌",是一种以行步走转和掌法变换为主的拳术,其在运动的过程中纵横交错,分为八个方位,与周易中的八卦图的卦象非常相似,故称为"八卦掌"。

"先天八卦掌"是八卦掌最早形成的套路,在日后的演练和传承过程中衍生出"后天八卦掌",即一掌生八式,八掌共生六十四式。八卦掌属内家拳,讲求内练真气,外练刚柔相济,讲究"八要""九论"(表 5-1),讲究以静制动,注重养生。八卦掌在不断的发展过程中,八卦掌拳理日益丰富,并逐渐形成了很多不同的流派(表 5-2)。

表 5-3　八卦掌功理

| | | |
|---|---|---|
| 八要 | 三形 | 行走如龙,动转若猴,换势似鹰 |
| | 三势 | 步如蹚泥,臂如拧绳,转如磨磨 |
| | 三空 | 手心涵空,脚心涵空,胸心涵空 |
| | 三合 | 意与气合,气上力合,力与意合 |
| | 三圆 | 脊背要圆,两膀抱圆,虎口张圆 |
| | 三顶 | 舌顶腭,头顶天,掌顶前 |
| | 三裹 | 气要裹,肩要裹,两肘要裹 |
| | 三敏 | 心要敏,眼要敏,掌要敏 |
| 九论 | 论身 | 头正身直,虚灵顶劲,以腰为轴,胯为先锋 |
| | 论肩 | 肩宜松,气贯全身 |
| | 论臂 | 前臂圆则内劲出,似曲非曲,似直非直 |
| | 论指 | 食指勾眉,中指上指,无名、小指并拢,大指微扣 |
| | 论手肘 | 前手外推,后手下坠,前肘对脚跟,后肘对后脚尖 |
| | 论股 | 前股领路,后股坐劲 |
| | 论足 | 里足直出,外足微扣,足扣小,足摆大,平起平走 |
| | 论谷道 | 提肛实腹 |
| | 论腿 | 上腿带动胯部,小腿后膝带动踝部 |

表 5-2  八卦掌流派

| 流派 | 创始人 | 特点 |
|------|--------|------|
| 程派八卦掌 | 程廷华 | 讲究天时地利,注重内功修炼,并须按时辰方位而作;用时又讲究五行生克制化,游身绕进,背身击敌 |
| 尹派八卦掌 | 尹福 | 在战术上以我为核心、注重以逸待劳,迫使对方绕我而行,我则随心所欲,伺机进攻;在步法上讲究小步、快步、续步,快速行进、轻灵稳健 |
| 史派八卦掌 | 史计栋 | 以八字(推、托、带、领、搬、拦、扣、截)为法,以五形(龙、虎、猴、蛇、燕)为势 |
| 梁派八卦掌 | 梁振圃 | 身法上以拧、坐、揉、抖、撞等为长,步法上以扣、摆、挫、踩、趟、踢等为主;形象上以猴头、蛇眼、包背、龙腰、鸡行、虎步、鹏展、鹰旋等为尊;战术上注重以正击斜、声东击西、避实击虚、出其不意、借力发人、以捷制疾 |
| 张派八卦掌 | 张占魁 | 象形取意、以形育神 |

## (三)武当武术的内容

武当武术一般按其内容分为七类,具体内容参考表 5-3。[①]

表 5-3  武当武术分类

| 类别 | 内容 | 说明 |
|------|------|------|
| 拳术 | 太极拳、八卦拳、武当长拳;内家象形拳,武当擒拿 108 手等 | 大都各有独特的器械练习,共 45 套 |
| 器械练习 | 武当剑、太极玄门剑、四门刀、四门枪、八卦七星剑等 | 多由古兵器演化而来,共 42 套 |
| 对练 | 徒手对练 器械对练 徒手与器械对练 | 两人以上按规定动作顺序练习或表演 |

---

① 张昌来,周明进,陈蔚,吴建军,权海鹏.武当武术内容的分类特点[J].郧阳师范高等专科学校学报,2015,35(06).

续表

| 类别 | 内容 | | 说明 |
|------|------|------|------|
| 集体表演 | 6人以上徒手或器械演练 | | 动作整齐划一,可有音乐伴奏,着古装或专业套装 |
| 攻防技术 | 两人按一定规则搏斗,有散手、推手、短兵、长兵等 | | 有实战意义 |
| 气功套路 | 内气功、阴阳气功、铁指玄功、武当明目功、练耳功、点穴等 | | 运用太极、五行、八卦、阴阳、九宫等导引术原理,共50种 |
| 武当养生功 | 呼吸修炼法 | 吐纳法、服气法、凝气法等 | 运气法,意念法,共33种 |
| | 导引养生法 | 颐生导引法、延龄导引法、四段锦、五脏导引法等 | 共16种套 |
| | 体育养生健身术 | 面部养生操、五官自我保健法、增高运动疗法等 | 用于形态、形体、五官、肢体、减肥、增高、肌肉锻炼等 |
| | 体育养生操 | | 多用于健身、养身、四季、不同人群的锻炼 |

## (四)武当武术文化特征

武当武术重视对人体生命活动的探究,在各武术流派中独树一帜,其文化特征表现出鲜明的道教养生文化,具体分析如下。

### 1. 以养生延年为首要目的

武当武术以养生为宗旨。武当武术以道家思想为基础,深受道教养生思想的影响。我国的道教是一种本土宗教,色彩神秘,具体来讲,武当文化虽然也有相应的神仙体系,但更加强调今世的养生修行。

武当武术属于内家功夫,其功法练习更注重对人体健康发展带来重要作用,具有重要的生理和心理调节价值,长期练习,不仅能实现强身健体的效果,还有助于良好心态的形成。

### 2. 以技击为末学

武当武术重视养生,视技击为"末流",在武术技击作用上并不十分重视,道家主张"清静无为",倡导和平、止戈,主张以理服人,避免人与人之间的争斗。道教武术技法习练的目的首先是发展身心、其次才是防身自卫。例如,武当武术的代表功法运动——太极拳,人们更多地认为太极拳更适合老年人练习,并不适合青少年人。也因此,人们在对武当武术的评价,更多的是注重道德和德行方面。

### 3. 讲究天人合一

武当武术的理论基础为道家的哲学思想。武当武术起源于道家思想,表现在武当武术的技击原理和技法特点中。道家对保存自身尤为重视,其对于社会上的各种防卫术进行分析,武当武术以道家原理为指导,建立了自身武术体系。

武当武术是我国传统武术的创新和发展,但并不是对"自然武术"的一种改良,其有系统的理论基础,主张"天人合一",拳法具有了自然的神韵,追求人与自然的和谐。在此基础上演化而出各种掌法。

### 4. 重视呼吸吐纳

道家重视养生,尤其注重呼吸吐纳,由此使得武当武术中有许多呼吸吐纳之法。武当武术文化认为,"气"是生命的源泉,养生的意义就在于养气,养气与修心之间具有非常密切的联系,太极拳的"心如止水""宁静其心""以静制动"都是对内心修为的强调与重视,"气"是调节心理活动的根本。

在动作习练上,武当武术尤其重视呼吸方法和呼吸技巧的掌握。具体来说,在武术技法的习练过程中,通过运气来实现身体内环境的调节,即真气运行,技法动作练习过程中,配合相应的呼吸和横膈运动,调整心境、实现动作、呼吸、心神的共修。武当武术文化思想认为,"气"的周身运行和控制对于人体的健康具有重要影响,合理引导和控制体内的"真气",可有效促进身心健康,可益寿延年。

## 三、峨眉武术文化

### (一)峨眉武术的起源与发展

#### 1. 峨眉武术的起源

峨眉武术是中国传统武术流派之一,峨眉武术文化起源于四川峨眉山,以峨眉为发祥地,形成于明代。峨眉武术文化集众家之长,具有自身技法与风格特点。

峨眉武术与峨眉派的产生有以下两种传说。

第一种,相传,火龙真人是峨眉武术的首创者,据相关史书和文献资料记载,火龙真人名叫魏伯阳,后世道家尊称他为魏真人,又称火龙真人,其创办了最初的峨眉派文化。

第二种,在金庸所著的武侠小说《倚天屠龙记》中,记载峨眉派由郭襄所创。郭襄,南宋末年生人,襄阳大侠郭靖与黄蓉之二女,其武功驳杂,有"小东邪"之称。15岁时在黄河见到杨过,心生爱慕,一直行走江湖,希望能与杨过碰面,却始终未能如愿,在40岁时大彻大悟,在峨眉出家为尼,开创峨眉派。此为流传较广的一种说法,但并不十分可信。

现在一般认为,峨眉派及峨眉武术是当地多流传的武术文化的集成,久而久之发展成为带有明显地域特色的武术文化,并非某一个人创立。

#### 2. 峨眉武术的发展

峨眉武术在我国峨眉山地区以群众自发习练的方式世代传承,在中华人民共和国成立前,许多武术拳种都处于杂乱无章的传承状态,更有很多拳种濒临失传。

中华人民共和国成立以后,对峨眉武术的研究日益系统化。1983 年,四川省体育运动委员会为抢救、挖掘和弘扬峨眉派武术,开展了大规模的征集、收集、挖掘工作,共收集到 68 个门派、2 368 种项目。

之后,为进一步规范峨眉武术发展,先后成立四川省武术馆、四川武术协会,并积极开展各种峨眉武术文化活动。

2002 年,乐山第 4 届国际旅游大佛节在峨眉山举办,并举办"少林、武当、峨眉三大门派武术精英赛",以振兴峨眉武术。

2004 年,成立中国峨眉武术研究会,为进一步整理峨眉武术,培养峨眉武术文化传承人奠定了组织基础。

2009 年,峨眉武术入选国家第二批非物质文化遗产,编号Ⅵ-23。

峨眉武术广泛吸收了其他各派的武术精华,在长期的历史发展过程中,不断进行自我丰富,并具有自身的风格特色,如强调以柔克刚、借力反击,以快取胜,尤其适合女性习练。

(二)峨眉武术文化特征

1. 以阴阳学说为哲学基础

峨眉武术文化从我国传统文化中汲取了大量的文化营养,其中包含了许多传统哲学文化内容,阴阳学说就是峨眉功法的重要哲学基础,在促进峨眉武术文化发展中发挥了重要作用。

峨眉武术功法认为:人体外为阳,内为阴,阳盛而阴衰,其病在内,阳衰阴盛,其病在外,峨眉武术功法习练强调通过内外统一来实现身心的和谐统一发展。具体来说,要求在武术功法习练中,注重内练意、气、心;外练手、眼、身。重视以抑强扶弱来调理阴阳,使之平衡,才能身心强健。

2. 朴素的武术价值观

峨眉派武术很少有不务实的花架子,在功法习练过程中非常注重技法的实用性,尤其是峨眉武术关注阴阳理论,在功法方面以防御为主,更加清楚地认识到了男女之间的生理上的性别差异,因此,为了让更多参与习武的女性能在技击过程中充分发挥自己的优势,更能在技法中突出女性生理特点与优势,每一个技术动作和动作技法的设置与实践都是十分有效的,将技巧性充分发挥了出来。

### 3. 对攻防的技击认识

峨眉武术具有非常独特的武术风格特质。在习武过程中,强调习武之人要具备浩然之气和人道主义精神的推崇,习练峨眉武术应充分理解与掌握"仁术""武德"和"养气",习武过程中,武者应保持正直善良之心,无论是武术套路还是武术对抗技法练习,都要做到以德服人、以气质引领,以防御保身为主,并不过分注重与人争斗比武,认为这并非武术大家所应有的行为。

### 4. 辩证的武术养生观

峨眉派武术讲究内外兼修、形气并重,刚柔相济、开合有度,以超常的"神"气和强大功力显威制胜。对于内外、行气的重视,表明了峨眉武术的注重健身养生的武术观。

峨眉武术文化是我国传统武术在不同地域环境中形成的各具特色的武术文化形式,其与少林武术、武当武术在文化特征方面具有显著的差异(表5-4)。

表5-4　峨眉武术文化、少林武术文化、武当武术文化的文化特征比较[①]

| 项目 | 峨眉武术文化 | 少林武术文化 | 武当武术文化 |
| --- | --- | --- | --- |
| 地域文化 | 巴蜀地域文化 | 中州地域文化 | 荆楚地域文化 |
| 文化起源 | 巴蜀地域 | 少林寺 | 武当山 |
| 文化基础 | 儒家"侠文化"<br>道家"道文化" | 佛家"禅文化" | 道家"道文化" |

---

① 赵斌,代凌江.峨眉武术文化的特征与发展路径[J].上海体育学院学报,2015,39(04).

续表

| 项目 | 峨眉武术文化 | 少林武术文化 | 武当武术文化 |
|------|------------|------------|------------|
| 文化特质 | 侠义文化<br>养生文化 | 功夫文化 | 养生文化 |
| 技术基础 | 格斗技法<br>养生功法 | 少林<br>禅武医 | 养生太极 |
| 武术技理 | 主张内外相重 | 以攻架见长 | 以呼吸见长 |
| 功法力道 | 主张"亦柔亦刚，刚柔兼备" | 善刚 | 善柔 |
| 功法特点 | 长短并用 | 多用长手 | 多用短手 |

# 第三节　高校武术课程对地域优秀传统文化的汲取

## 一、高校武术课程汲取地域优秀传统文化内容的重要意义

### （一）丰富高校武术教学内容

我国传统体育文化博大精深，内容丰富，地域武术文化和传统体育文化项目内容更是种类繁多，各具特色。鉴于当前高校武术课程内容较少的现状，将地方特色地域武术与传统体育融入大学体育课堂，可极大地丰富和完善当前高校体育课程教学内容。

当前，我国民族传统体育项目共计977项，其中，少数民族传统体育文化项目676项，其中，不少少数民族都具有自身所独特的武术文化和武术运动项目，丰富的少数民族武术项目内容引入各地高校，可令各地高校武术教学更具地方特色，更加与当地的武术文化传承紧密结合在一起。

丰富多彩的地方性地域武术与传统体育,和当前高校的主流传统体育项目(武术、太极拳)相比,趣味性更强,有助于充分调动大学生武术学练的积极性与主动性。

## (二)丰富高校校园武术文化

高校武术课程教学的持续发展需要高校武术文化建设的不断推动,如此才能在整个高校营造良好的武术学练氛围,才能最大限度地激发师生的武术参与热情,才能有效促进高校武术教学活动的广泛开展和高效有序推进。

对各地方的地域优秀的传统文化的教学引入,能进一步为高校校园武术增添更多地方特色,使得高校校园武术文化更表现出浓郁的地方文化特色,这对于来自不同地区的高校大学生来说具有极大的吸引力。来自不同地区的大学生通过学习其他地方的民族传统体育文化,在寓教于乐的同时,可有效增加彼此之间的民族情感,并创造一个和谐的校园武术文化学练环境。

## (三)促进地方武术文化传承

当前,我国重视传统文化的保护与传承,高校作为文化教育传承的重要教育基地,在民族文化传承方面具有重要的责任,地域优秀传统文化纳入高校武术课程教学体系,能促进更多的不同地域的优秀传统文化通过教育传承途径得到有效传承。

对于不同地域的优秀传统文化来说,它们中的很多都因为传承人不多,没有得到有效的关注而濒临失传。高校大学生是一个庞大的群体,将地方性优秀传统文化纳入高校教育系统能促进更多的人了解以前不为人知的"小众"地域文化。因此来说,在大学体育课程中纳入地方特色地域武术与传统体育内容,是高校大学生了解地方特殊民族传统体育文化的重要途径,对于大学生了解我国多民族文化、风俗、生活现状等具有重要意义。

地方特色地域武术与传统体育在充分继承民族传统体育优秀文化特点和多元教育功能的基础上,具有浓厚的地方特色,能对来自各地的高校大学生群体产生较大的文化吸引力,对于提高大学生的高校体育学习积极性具有重要的促进作用,同时,对中华民族的众多优秀的地域性民族文化的了解也有助于增强高校大学生的民族自尊心和自豪感,使得高校大学生能更加坚定树立民族文化的自信心,并主动去接触和承担传承丰富多彩的地域民族优秀传统文化的重要责任,有助于我国地域优秀传统文化的全面传承与发展。

## 二、高校武术课程汲取地域优秀传统文化的教学改革思考

（一）重视丰富教学内容

在高校体育教学体系中,教学内容是实现教学目标的最重要载体和资料参考。丰富教学内容是促进教学发展的重要途径。在高校武术课程中应不断丰富现有的武术课程内容体系,对于充分调动学生武术课程教学参与的积极性,更好地实现武术课程教学目的,促进高校武术课程教学发展具有重要作用。

（二）重视新武术教材编撰

将地方特殊地域武术与传统体育纳入到武术课程内容之中,需要教师充分了解和掌握地方武术文化内容,并按照教学大纲的要求科学安全教学内容。

在新教学内容引入方面,我国统一的武术教学大纲预留了足够大的教学空间。但受教师的教学能力和经验所限,许多新教学内容的丰富难以得到实施,在新教学内容引入方面还需要进一步丰富新武术教材,以为教师的地域文化教学引入提供教学指导。

当前,要重视高校地域传统文化的引入和教材编撰。对于民族传统体育的教材编写要认真细致,使教材不但能将地域传统武术文化的民族性和实用性凸显出来,而且还富有趣味性和科学性。

另外,为了保证教材更加富有科学性和严谨性,有条件的高校可以派出教师实地调查,开发新的地域传统武术文化教学资源。

### (三)打造地域传统武术文化精品课程

当前,要提高高校体育教学的质量,进一步深化体育教育改革,就必须继续实施"高等学校教学质量与教学改革工程",将"国家精品开发课程建设与共享"作为一个重要举措。高校地域传统武术文化的发展也不例外。

需要特别指出的是,地域传统武术文化精品课程的建设需要优秀的师资和教学资源,在这方面我国的师资力量还有待进一步提高,尤其是拥有丰富的地域优秀传统武术文化的少数民族地区,传统武术文化内容丰富,但是当地高校的师资力量薄弱,不能为当地的优秀传统武术文化的进一步挖掘、整理、教学研究提供足够的人力支持。目前这方面做得较好的主要有云南师范大学、厦门大学、长安大学(图5-5),高校地域传统武术文化精品课程建设还需要国家和学校提供足够的人力、物力和财力支持。

表5-5 国家高校地域传统武术文化精品课程资源①

| 学校 | 精品课程 | 课程等级 |
|---|---|---|
| 云南师范大学 | 烟盒舞、爬坡杆、踩高跷等 | 国家级 |
| 厦门大学 | 木兰拳、木兰扇、形意强身功等 | 省级 |
| 长安大学 | 腰鼓、传统养生、健身秧歌等 | 校级 |

---

① 刘轶.我国学校民族传统体育发展路径研究:以文化软实力为视角[M].武汉:湖北人民出版社,2013.

# 第六章　推进高校武术课堂教学
改革的理论与实践

　　高校武术课堂教学是高校体育教学的重要组成部分,是高校武术教育传承的重要和有效途径。高校武术课堂教学包括了武术全部的文化内容的教学,其中武术技法教学是武术教学中浓墨重彩的一部分内容,是当前我国高校武术课堂教学的主要教学内容。本章就重点对我国高校丰富的武术技法教学内容进行全面、系统分析,以为我国高校武术课堂教学的全面开展提供理论指导,在此基础上,本章还就我国高校武术课堂教学改革进行了总结与思考,指出了当前我国高校武术课堂教学改革的重要任务与改革创新的工作重点,对新时期进一步推动我国高校武术课堂教学改革与发展具有重要的理论指导意义与实践启发价值。

## 第一节　武术技法教学改革

### 一、武术技法教学的重要性与教学内容改革

(一)武术技法教学的重要性

　　学校武术基本技法教学是实现武术教育价值的重要动作解析,是学校武术教育传承的基础内容。通过武术基本技法教学,能切实促进学生的各项身体素质的提高,促进学生的生理机能的发展完善,并引导学生的心理健康发展,有助于学生对武术精神和武术文化内涵的理解更加具象化。

(二)武术技法教学内容改革

1. 引入武术基本功教学内容

传统武术教学中,对武术技法教学的组织与实施主要集中在武术动作方面,技击是传统武术重要的特点,但由于传统武术教学大纲的原因,教师往往根据教学大纲制订教学计划,在教学中只注重动作的外形和规格,高校武术教学中,很多武术教师忽视了学生的传统武术基本功的习练。

武术基本功练习是武术技法习练的基础,有教师通常认为基本功需要学生在课外、在日常下功夫做好,在教学过程中不必专门占用课堂时间,显然这些教师没有认识到学生对武术技法理论认识薄弱的事实,绝大多数学生对武术基本功的内容认识不够全面,基本功练习多是"动动肩、弯弯腰、压压腿",这些练习只能称之为热身运动,并不是真正的武术基本功练习。

针对传统武术教学中武术基本功教学内容缺少、不完善的情况,教师必须予以重视并在教学中引入武术基本功教学内容,以为学生进一步的武术技法学习奠定良好的身体素质基础,并可有效预防学生在武术学练中受伤。

2. 关注武术武德教育

武术武德是武术文化的重要组成部分,在武术教学中,武术武德应受到重视,这对学生对武术技法的深刻理解也有重要的帮助。关于武术武德教育在本书前文已经详细阐述,这里不再赘述。

# 二、武术基本功教学

(一)肩功

1. 压肩

动作解析:开步站立,两手抓握前方肋木,上体前俯,下振压肩;或由同伴帮助振压下按肩部(图 6-1)。

教学要点:挺胸,塌腰,两臂、两腿伸直。

图 6-1　压肩

2. 转肩

动作解析:两脚开立,两手体前分开握木棍两端,以肩关节为轴,两臂由体前经头顶绕至背后(图 6-2)。

教学要点:两臂始终伸直。

图 6-2　转肩

3. 臂绕环

(1)单臂绕环。

动作解析:左弓步,左手按左大腿,右臂体侧绕环一周(图 6-3)。

教学要点:直臂、松肩、贴身划立圆,逐渐加速。

(2)双臂前后绕环。

动作解析:两脚开立,两臂垂于体侧,依次反方向同时绕环一周(图 6-4)。

图 6-3　单臂绕环

教学要点：松肩、探臂，两臂体侧立圆绕环。

图 6-4　双臂前后绕环

（3）双臂交叉绕环。

动作解析：两脚开立，两臂于身体两侧反方向划立圆绕环（图 6-5）。

教学要点：上体放松，协调配合两臂绕环，两臂体侧立圆绕环。

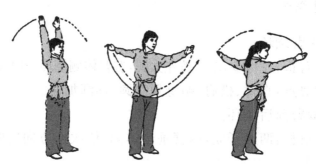

图 6-5　双臂交叉绕环

（二）腿功

1. 压腿

（1）正压腿。

动作解析：结合肋木，正对肋木，一脚跟放于肋木上，另一腿支撑，身体屈向肋木，下振压腿（图 6-6）。

教学要点：直体向下振压，先以前额、鼻尖触及脚尖，再过渡到下颌触及脚尖，动作幅度逐渐增加。

图 6-6　正压腿

（2）侧压腿。

动作解析：侧对肋木，一腿支撑，脚尖外展，另一脚跟放在肋木上，脚尖勾紧，同侧臂上举，异侧手掌附于右胸前，上体侧向肋木压振（图 6-7）。

教学要点：立腰、展髋，直体向侧下压振。

图 6-7　侧压腿

（3）后压腿。

动作解析：背对肋木，一脚背放在肋木上，脚面绷直。双手叉腰,上体后屈并做振压动作(图6-8)。

教学要点:挺胸、展髋、腰后屈。

**图6-8　后压腿**

2. 搬腿

动作解析:一腿支撑,一腿上举,直膝,同侧手握举腿脚,异侧手抱支撑腿膝部(图6-9)。

教学要点:直膝、挺身、重心平稳。

正搬腿　　　　　　侧搬腿

**图6-9　搬腿**

3. 踢腿

(1)正踢腿。

动作解析:右手扶肋木,左手叉腰,并步侧向站立。右腿支撑,左脚勾起,挺膝上踢,然后下落还原(图6-10)。左右交替练习。

教学要点:挺胸、立腰、收腹、沉髋。

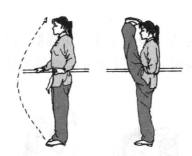

图 6-10　正踢腿

（2）侧踢腿。

动作解析：双手扶肋木，丁字步站立。动作同正踢，唯向侧踢（图 6-11）。

教学要点：挺胸、立腰、收腹、沉髋。

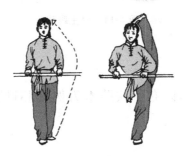

图 6-11　侧踢腿

（3）后踢腿。

动作解析：双手扶肋木，并步站立。一腿直立支撑，绷脚尖，挺膝后上踢（图 6-12），大腿后踢过腰后，脚掌触头（图 6-13）。

教学要点：挺胸、抬头、腰后屈。

图 6-12　后踢腿 1　　　　　图 6-13　后踢腿 2

（4）自主踢腿。

动作解析：一腿直立支撑，另一腿踢腿；正踢腿时，脚尖勾起向额前猛踢；侧踢腿时，脚尖勾紧向耳侧踢起（图6-14）。

图6-14　自主踢腿

4. 控腿

借助肋木练习，以右手扶肋木为例，侧对肋木，具体动作教学内容与要点如下。

（1）前控腿。

动作解析：并步站立，左手叉腰或侧平举。左腿屈膝前提，脚尖绷直或勾紧，前上伸出（图6-15）。

教学要点：挺胸、直背、挺膝。

图6-15　前控腿

（2）侧控腿。

动作解析：并步站立。左手叉腰，左腿屈膝侧提，脚尖绷直或勾紧,向外侧前上伸出(图 6-16)。

教学要点:挺胸、直背、开髋、挺膝。

(3)后控腿。

动作解析:并步站立。左手叉腰,左腿屈膝前提,脚尖绷直,向后上方伸出(图 6-17)。

教学要点:挺胸、展髋、挺膝、腰后屈。

图 6-16　侧控腿　　　　　　　　图 6-17　后控腿

5. 劈腿

(1)竖叉:两腿前后分开成直线(图 6-18)。

(2)横叉:两腿左右分开成直线(图 6-19)。

图 6-18　竖叉　　　　　　　　图 6-19　横叉

(三)腰功

1. 俯腰

(1)前俯腰。

动作解析:并步站立,两手手指交叉,直臂上举,掌心朝上。

上体前俯,掌心贴地,胸部贴腿(图6-20)。

教学要点:直膝、挺胸、塌腰、收髋、前折体。

(2)侧俯腰。

动作解析:并步站立,两手手指交叉,直臂上举,掌心朝上。上体左(右)转向左(右)侧下屈,两手掌心触地,持续一定时间后还原(图6-21)。

教学要点:直膝,上体下屈。

图6-20　前俯腰　　　　　　图6-21　侧俯腰

2.甩腰

动作解析:开步站立,两臂上举。上体以腰、髋关节为轴做前后屈动作,两臂配合前后摆动(图6-22)。

教学要点:快速、紧凑、富有弹性。

图6-22　甩腰

3.涮腰

动作解析:开步站立,上体前俯,两臂下垂随之向左前方伸出,以髋关节为轴向前、右、后、左绕环一周或向后、左、前、右绕环一周(图6-23)。

教学要点:两脚不动,臂随腰转。

**图6-23 涮腰**

4. 下腰

动作解析:两脚开立,与肩同宽,两臂伸直上举。抬头,挺胸,两手后撑,身体呈拱桥(图6-24)。

教学要点:挺胸、挺髋,腰上顶,脚跟贴地。

**图6-24 下腰**

(四)桩功

1. 马步桩

动作解析:马步站立,屈膝半蹲,脚尖朝前,大腿与地面水平,两臂平举,掌心向下,目视前方(图6-25)。

教学要点:挺胸、直背、塌腰,深呼吸。

2. 步桩

动作解析:前后开立,屈膝半蹲,右脚外展45°,提左脚跟,脚尖虚点地,两手腰间抱拳,目视前方(图6-26)。

教学要点：挺胸、塌腰，虚实分明。

图 6-25　马步桩　　　　图 6-26　步桩

### 3. 浑元桩

（1）升降桩。

动作解析：开立，屈膝、屈肘，两手心向下，举于胸前，配合呼吸做升、降动作（图 6-27）。

教学要点：头颈正直，沉肩垂肘，松腰敛臀，上体正直；升时吸气，降时呼气。

图 6-27　升降桩

（2）开合桩。

动作解析：开立，屈膝蹲，屈肘，两手心向内，指尖相对合抱，随呼吸做开合运动（图 6-28）。

教学要点：头颈正直，沉肩垂肘，松腰敛臀，上体正直，开时吸气，合时呼气。

图 6-28　开合桩

# 三、武术基本技法动作教学

## (一)手型手法

### 1. 手型

拳:四指并拢卷握,拇指紧扣食指第二指节处(图 6-29)。

掌:五指伸直(图 6-30)。

勾:又称"勾手",五指撮在一起,屈腕(图 6-31)。

爪:五指分开或并拢,指扣屈。

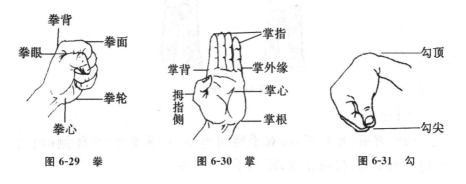

图 6-29　拳　　　　　图 6-30　掌　　　　　图 6-31　勾

### 2. 手法

(1)冲拳。

动作解析:左右开立,双手腰间两拳,肘尖向后,拳心向上。右拳从腰间向前猛力冲出,肘关节过腰后右前臂内旋。力达拳面

（图 6-32）。

　　教学要点：挺胸、收腹、立腰、直臂。

图 6-32　冲拳

　　（2）架拳。

　　动作解析：左右开立，双手腰间抱拳，右拳向下，向右，向上经头前向右上方划弧并在右前上方架起，拳眼前下（图 6-33）。

　　教学要点：前臂内旋，松肩，力达前臂外侧。

图 6-33　架拳

　　（3）亮掌。

　　动作解析：左右开立，双手腰间抱拳，右拳变掌，经体侧向右、上划弧至头部，抖腕亮掌，眼随手转（图 6-34）。

　　教学要点：挺胸、收腹、立腰、抖腕。

　　（4）推掌。

　　动作解析：左右开立，双手腰间抱拳，右拳变掌，前臂内旋，以掌根为力点，向前猛力推出（图 6-35）。

图 6-34　亮掌

教学要点：挺胸、收腹、拧腰、顺肩，快速出掌，力达掌外沿。

图 6-35　推掌

(二)步型步法

1. 步型

(1)弓步。

动作解析：并步直立，一脚前迈，屈膝半蹲，大腿接近水平，膝与脚尖垂直；另一腿挺膝伸直，脚尖内扣斜向前方，全脚着地(图6-36)。

教学要点：挺胸，立腰；前腿弓、后腿绷。

(2)马步。

动作解析：并步直立，两腿开立，下蹲，脚尖向前，屈膝半蹲，大腿接近水平，膝不过脚尖，全脚着地(图6-37)。

教学要点:头正、挺胸、立腰、扣足。

图 6-36　弓步　　　　图 6-37　马步

(3)虚步。

动作解析:以左虚步为例,前后开立,右脚外展 45°,屈膝半蹲,左脚脚跟离地,绷脚面,脚尖内扣虚点地,屈膝,重心落于后腿上(图 6-38)。

教学要点:挺胸、立腰、虚实分明。

(4)仆步。

动作解析:以左仆步为例,开立,右腿全蹲,臀部接近小腿,右脚着地,脚尖和膝外展,左腿挺直平仆,脚尖里扣,全脚着地(图 6-39)。

教学要点:挺胸、塌腰、沉髋。

(5)歇步。

动作解析:以左歇步为例,两脚交叉靠拢全蹲,左脚全脚着地,脚尖外展,右脚前脚掌着地,膝部贴近左腿外侧,臀部坐于右腿的近脚跟处(图 6-40)。

教学要点:挺胸、塌腰,两腿紧靠。

图 6-38　虚步　　　　图 6-39　仆步　　　　图 6-40　歇步

2. 步法

（1）上步：向前上一步，或两脚轮流向前上步。

（2）退步（倒步）：脚向后退一步，或两脚轮流向后退步。

（3）跳步：两只脚同时离地。

（4）垫步：两只脚先后起跳，前脚向前落半步或一步。后脚落到前脚原位置。

（5）盖步：以右盖步为例，左右开立，重心左移，右脚提起，经左脚前向左侧横迈一步，右腿屈膝，脚尖外展；两腿交叉，重心偏右腿。

（6）插步：以右插步为例，左右开立，重心左移，右脚提起，经左脚后向左侧横迈一步，脚前掌着地，两腿交叉，重心偏于左腿。

（7）击步：上体前倾，后脚离地提起，前脚随即蹬地前纵，后脚先落，前脚后落。

（8）弧形步：屈腿，两脚迅速连续向侧前方沿弧线行步。

（9）飞步：两脚带腿同时向前向上用力猛跳。

（10）箭步：一脚着地，另一只脚向前快速跳一大步。

（11）纵步：一只脚先起，再抬另一只脚向前纵跳一大步。

（12）麒麟步：并步开始。左脚右前上步，右脚屈膝下跪，两腿交叉；右脚由后经左脚前向左前上步，脚尖外摆，屈膝；左脚屈膝下跪，两腿交叉；左脚由后向左前方上步，屈膝成半马步。

（三）腿部动作

1. 蹬腿

动作解析：左腿支撑，右腿屈膝提起，脚尖勾起，以脚跟为力点向前猛蹬，脚高过腰（图 6-41）。

教学要点：挺胸、立腰、脚尖勾紧；蹬出要脆、快、有力，力达脚跟。

**图 6-41　蹬腿**

### 2. 弹腿

动作解析：左腿支撑，右腿屈膝提起接近水平时，小腿猛力向前弹出，挺膝，力达脚尖，目视前方（图 6-42）。

教学要点：挺胸、立腰、收髋；弹踢要有寸劲，力达脚尖。

①　　　　　　　　　　　②

**图 6-42　弹腿**

### 3. 侧踹腿

动作解析：以左踹腿为例，双手叉腰，两腿左右交叉，右腿在前，屈膝，右腿伸直支撑，左腿屈膝提起，左脚尖内扣，脚跟用力向左上方踹出，高与肩平（图 6-43）。

教学要点：挺膝、展髋；动作快速、有力。

### 4. 外摆腿

动作解析：以左腿外摆为例，右脚直立支撑，左脚尖勾紧，右上踢，经面前向左上外摆，直腿落在右脚旁（图 6-44）。

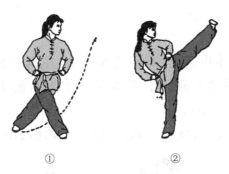

① 　　　　　　 ②

**图 6-43　侧踹腿**

教学要点:挺胸、立腰、展髋,外摆幅度尽量大。

① 　　　　　　 ②

**图 6-44　外摆腿**

5. 里合腿

动作解析:以左腿里合腿为例,右腿直立支撑,左脚脚尖勾、里扣、左上踢,经面前向右上直腿里合、落右脚外侧(图 6-45)。

教学要点:挺胸、立腰、合髋。

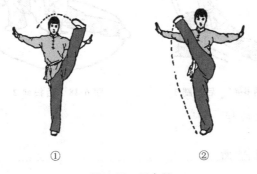

① 　　　　　　 ②

**图 6-45　里合腿**

6. 单拍脚

动作解析：并步站立，双手腰间抱拳，左脚上步，左腿支撑；挺右膝，绷脚面，快速直踢。右拳变掌举于头右前上方，掌心朝前，迎击右脚面（图6-46）。

教学要点：收腹、立腰。腿高过胸，击拍脆、快、响。

①　　　　②

图6-46　单拍脚

7. 后扫腿

动作解析：左弓步，两掌前推（图6-47）。左脚尖内扣，左腿屈膝全蹲，成右仆步，上体前俯，两掌撑地，上体向右后拧转，以左脚掌为轴，右脚贴地后扫转一周（图6-48）。

教学要点：动作连贯协调。

图6-47　后扫腿1　　　　　图6-48　后扫腿2

（四）平衡动作

1. 前提膝平衡

动作解析：以左腿前提膝平衡为例，并步站立，左腿提起，右腿直立支撑;左腿体前屈膝高提近胸,小腿斜垂里扣,绷脚面(图6-49)。

教学要点:直腿、立腰,重心稳定。

2. 扣腿平衡

动作解析:以左腿扣腿平衡为例,支撑腿屈膝半蹲;另一腿屈膝外展,踝关节紧扣于支撑腿的膝后腘窝处(图6-50)。

教学要点:臂展、背直、腿部保持紧张。

图 6-49　前提膝平衡　　　　图 6-50　扣腿平衡

3. 燕式平衡

动作解析:如燕展翅飞翔,以左腿直立支撑为例,上体前俯略高于水平;右腿后举伸直,双臂侧平展(图6-51)。

教学要点:直腿、向后抬起的腿绷直,俯身,手臂后展,腰部保持紧张。

4. 望月平衡

动作解析:一腿直立支撑,上体前倾拧腰,转头回视;另一腿身后伸直举腿,脚底朝上(图6-52)。

教学要点:挺胸、塌腰,重心居中。

图 6-51　燕式平衡　　　　　　图 6-52　望月平衡

5. 仰身平衡

动作解析：一腿直立支撑，上体后仰接近水平；另一腿直上举，双臂侧平展（图 6-53）。

教学要点：直腿，腰部用力。

图 6-53　仰身平衡

## 四、武术技法组合动作教学

武术组合动作教学是对武术基本动作的一种提高，同时为武术套路动作的学练可以奠定基础，因此，在武术教学中，武术组合动作教学具有承上启下的作用，应该认真对待。武术组合动作教学中，对于组合动作的选择，可以从武术套路动作中进行截取，也可以由教师进行动作创编，创编武术组合动作，应注意各武术动作之间的关联性与良好衔接。武术动作内容繁多，武术组合动作也有丰富多彩的组合,这里主要就三类武术组合动作的常见动作组合为例,对武术组合动作教学分析如下。

(一)腿法组合动作

动作名称:

抡臂砸拳—单拍脚—侧踹腿—弹腿推掌—并步抱拳。

动作解析:

准备动作:并步抱拳。

1. 抡臂砸拳

上体右转,右脚右迈成右弓步,左拳变掌前下撩;右转体,左腿支撑,右腿吸腿,左手右上抡臂至平举;右掌变拳右上抡于头上;勾右脚向左脚内侧震踏地成并步半蹲;左掌摆于腹前,右拳向下砸左掌心。

2. 单拍脚

起立,右脚上步,右拳变掌后上摆至平举;左掌前伸,左脚上步,右掌向下、前、上使掌背在脸前击左掌心;左腿支撑,绷右脚尖上踢,右掌迎击脚面;左掌变勾手,左平举。

3. 侧踹腿

右脚下落,脚尖外撇,交叉步;两掌右外左内胸前交叉;右腿支撑,左腿屈膝勾足提起左上踹;两掌左右两侧横撑。

4. 弹腿推掌

落左脚,盖步,左腿支撑,右腿吸腿,平踢,与腰平;左掌前推立掌,右掌变拳收抱腰间。

5. 并步抱拳

右脚下落,脚尖内扣;左脚靠右脚并立;左手握拳收至腰间。

教学要点：

（1）单拍脚动作，击拍声音应清、脆、响，重心平稳。

（2）侧踹腿时，弹腿动作迅猛、有利、力达脚尖。

（3）各动作连贯、协调。

（二）平衡组合动作

动作名称：

扣腿平衡—抡臂砸拳—燕式平衡—提膝平衡—并步抱拳。

动作解析：

准备动作：并步抱拳。

1. 扣腿平衡

右转体，左脚侧跨步，右弓步；左拳变掌前撩，左腿屈膝回收，左脚背贴右腿腘窝；右拳腰间右冲立拳，与肩平，左掌头上架起。

2. 抡臂砸拳

右转体，左脚左跨步，右弓步；左手向下、前摆，右拳变掌屈肘收于左腋下；左转体 90°，左腿支撑，右腿屈膝上提。左掌向上、左、下抡摆成平举，右掌变拳向右、上抡摆于头上方；右腿勾脚向左脚内侧震踏，并步半蹲；左掌摆于腹前，右拳拳背下砸左掌。

3. 燕式平衡

直左腿，右腿后蹬，成燕式平衡；右拳变掌，两臂侧平举。

4. 提膝平衡

右脚后落支撑，左腿吸腿；右掌向下、左、上、右弧形抡劈成立掌，左掌向左、上架于头上。

5. 并步抱拳

左脚左侧落步，右脚向左脚内侧靠拢，左掌变拳收抱腰间。

教学要点：

（1）扣腿平衡时，支撑腿屈膝半蹲，上体正直。

（2）提膝平衡时，提膝过腰，脚内扣。

（3）燕式平衡，直膝，身体反弓。

（4）平衡动作要站稳，静止2秒以上。

（5）各动作连贯、协调。

（三）跳跃组合动作

动作名称：

高虚步上冲拳—击步挑掌—腾空飞脚—仆步亮掌。

动作解析：

准备动作：并步抱拳。

1. 高虚步上冲拳

右脚右跨，左拳变掌由下向左前上方举，右拳由下向身后摆；上体右转，左掌向右、下经面前屈肘收于右胸前，拇指贴胸，右臂微内旋，屈肘贴身上冲拳；重心右移，左脚收于身前，高虚步，头左转。

2. 击步挑掌

左脚左上步，右拳变掌由上向下沿左肩前直臂向前、下切掌，左掌插于右腋下；左脚蹬跳，空中右脚击左脚，两臂体前交叉，右臂下摆至体后，左臂于右臂内侧贴身向下、前挑掌，左肩前顺。右脚落地，左脚随之前摆落步。

3. 腾空飞脚

右脚上步，蹬跳，左腿前上摆；两臂上挑，由下向前、上摆至头上；右手背迎击左手掌。空中右脚前上踢，以右手掌迎击脚面；左掌左摆变勾手，左腿屈膝收控胸前（右腿侧），上体前倾。左右脚先后落地。

4. 仆步亮掌

右脚体前落步，右臂外旋右前举，左掌收于左腰间，右肩前顺；右掌向上、左、下、右屈肘抖腕，头上亮掌；左掌从右臂内穿出，经右胸前向前、左、后画弧，摆至左腰后侧变勾手；右腿屈膝下蹲，左仆步。

教学要点：

(1)向上冲拳时，上臂贴耳，挺身。冲拳、转头、拧腰动作同时完成。

(2)击步时，两脚空中相碰，前冲力强，屈膝，顺肩，直腰。

(3)仆步亮掌，挺胸、直腰、微前倾。各环节动作协调一致。

(4)各动作衔接，脚下步法要清晰，不要有多余或犹豫动作。

(5)各动作连贯、协调。

# 第二节　武术项目教学的实施

## 一、武术拳类项目教学

### (一)长拳

长拳在我国传统武术的众多门类中是一个较大的类别，是我国武术主要拳种之一，属北派武术。

据史料记载，"长拳"一词最早在明朝戚继光《纪效新书·拳经捷要篇》中出现，文中记载"古今拳家，宋太祖有三十二势长拳"。"长拳"中的"长"，是相对于短打中的"短"而言的，长拳是在与人的远距离对抗中逐渐形成的，经过长期不断发展，长拳体系日益丰富，并不断规范化。

当前，长拳是我国高校武术拳类教学的主要内容，具体如下。

1. 预备势（图 6-54）

两脚开立，两臂垂于体侧，五指并拢，平视前方。

2. 虚步亮掌（图 6-55）

左弓步，右掌划弧，收左臂；右腿微屈，左掌经胸前穿伸，右掌收至腰侧；左脚点地成左虚步。左手划弧成勾手，右手划弧头上亮掌。

图 6-54　预备势　　　　　图 6-55　虚步亮掌

3. 并步对拳（图 6-56）

直右腿，提左腿；落左脚，左勾手变掌前伸；右臂外旋前落，两掌同高；右脚上步，两臂下垂后摆；并脚，两掌变拳下按。

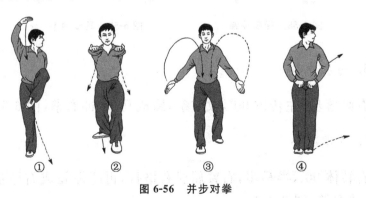

图 6-56　并步对拳

### 4. 弓步冲拳

左脚半马步。出左拳,收右拳,成左弓步。收左拳,冲右拳,目视右拳(图 6-57)。

①　　　　②

图 6-57　弓步冲拳

### 5. 弹腿冲拳

左腿支撑,右腿前平提,收右拳,冲左拳,目视前方(图 6-58)。

图 6-58　弹腿冲拳　　　　　图 6-59　马步冲拳

### 6. 马步冲拳

右脚落步,左转体 90°,收左拳,蹲成马步,冲右拳(图 6-59)。

### 7. 弓步冲拳

右转体 90°,半马步,右臂屈肘右格打,再蹬左腿成右弓步,收右拳,冲左拳(图 6-60)。

图 6-60　弓步冲拳

### 8. 弹腿冲拳

右腿支撑,左腿屈膝提起快速向前弹踢,收左拳,冲右拳(图 6-61)。

图 6-61　弹腿冲拳

### 9. 大跃步前穿

左脚落步,右掌后挂,左拳变掌;提右腿,跃成左仆步。右掌变拳置于腰间,左掌体前划弧成立掌(图 6-62)。

图 6-62　大跃步前穿

### 10. 弓步击掌

蹬成左弓步,左掌身后变勾手,左臂伸直,右拳变掌前推(图6-63)。

### 11. 马步架掌

左脚里扣成马步,右转体。右臂左摆,左勾手变掌前穿,右手胸前立掌,左臂屈肘抖腕头上亮掌(图6-64)。

图 6-63　弓步击掌　　　　　图 6-64　马步架掌

### 12. 虚步栽拳

提右脚,直左腿,后转体180°,成左虚步,左臂外旋;左掌按左膝,右勾手变拳上举(图6-65)。

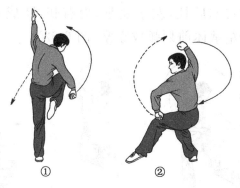

图 6-65　虚步栽拳

13. 提膝穿掌

直右腿。收右拳变掌至腰；左拳划弧头上举；蹬右腿，提左腿，右掌前穿；左掌右胸前立掌（图6-66）。

图 6-66　提膝穿掌

14. 仆步穿掌

蹲成左仆步，左掌右胸前下经左腿内向左穿出（图6-67）。

图 6-67　仆步穿掌

15. 虚步挑掌

蹬右腿成左弓步。右掌下降，左掌前挑；成右虚步，左转体180°，左掌划弧变立掌，右掌挑成立掌（图6-68）。

16. 马步击掌

右脚踏实，左掌收、变拳；右掌俯掌外搂；左脚上步，后转体180°，成马步。左拳变立掌击出；右掌变拳收至腰侧（图6-69）。

图 6-68　虚步挑掌

图 6-69　马步击掌

## 17. 叉步双摆掌

重心右移,两掌右下摆,右脚后插步,两臂右—上—左摆,立掌(图 6-70)。

图 6-70　叉步双摆掌

18. 弓步击掌

左掌收至腰侧，右掌划弧；左腿后撤成右弓步，右掌摆成勾手，左掌变立掌前推（图6-71）。

①　　　　　　　　　　　②

**图 6-71　弓步击掌**

19. 转身踢腿马步盘肘

左后转体180°，左转90°，两臂随转体划立圆，左臂胸前屈肘，右勾手变拳，蹲成马步（图6-72）。

①　　　②　　　③　　　④　　　⑤

**图 6-72　转身踢腿马步盘肘**

20. 歇步抡砸拳

两臂胸前相对抡臂，右后转体180°，蹲成歇步。左臂下砸，右臂上举（图6-73）。

图 6-73　歇步抡砸拳

### 21. 仆步亮掌

左脚上步成右弓步,右转体。左拳收至腰侧,右拳右击变掌,右转体,左拳变掌前穿;右掌平收至左肘下;仆步,左掌划弧成勾手;右掌划弧亮掌(图 6-74)。

图 6-74　仆步亮掌

### 22. 弓步劈拳

右腿蹬起,左腿上步。右掌变拳收至腰侧,左手左捋掌;右腿上步成右弓步。左手平捋前摆,右掌后摆抡劈拳,左掌扶右前臂(图 6-75)。

### 23. 换跳步弓步冲拳

右拳变掌划弧至右膝内侧;左掌靠右肘外侧;左转体。右掌挂至体左侧,左掌伸右腋下;右脚震踩,抬左脚。右手由左—上—

前变拳收腰侧;左掌向下—上—前下按;右转体,成左弓步,冲右拳(图 6-76)。

图 6-75　弓步劈拳

① ② ③ ④

图 6-76　换跳步弓步冲拳

### 24. 马步冲拳

右转体 90°成马步,收右拳,冲左掌(图 6-77)。

### 25. 弓步下冲拳

右腿蹬,左腿屈成左弓步。左手架掌,右拳斜下冲(图 6-78)。

图 6-77　马步冲拳　　　　图 6-78　弓步下冲拳

### 26. 叉步亮掌侧踹腿

上体右转,右拳变掌,两手十字交叉;右脚后插步,左掌划弧成勾手;右掌划弧抖腕亮掌;左腿上蹬(图6-79)。

**图 6-79 叉步亮掌侧踹腿**

### 27. 虚步挑拳

左脚落地。右掌变拳后移,左勾手变拳上挑,上体左转180°,左拳上挑,右拳划弧挂右膝外侧,提右膝成右虚步。收左拳,右拳屈臂挑出(图6-80)。

**图 6-80 虚步挑拳**

### 28. 弓步顶肘

踏右脚,右划弧挂至右膝内侧;蹬左腿,抬右腿;左拳变掌,两臂前上划弧;左脚蹬地起跳,左脚前落步,两臂划弧停于右胸前,右拳变掌,左掌变拳;左弓步,右掌推左拳,顶左肘(图 6-81)。

①　　②　　③　　④　　⑤

**图 6-81　弓步顶肘**

29. 转身左拍脚

右后转体 180°,右臂划弧抡摆,左拳变掌上摆;踢左腿,左掌变拳收腰侧,右掌拍左脚面(图 6-82)。

①　　②

**图 6-82　转身左拍脚**

30. 右拍脚

左脚前落地。左拳变掌下后摆,右掌变拳收腰侧;右腿前踢,左拳变掌拍右脚面(图 6-83)。

31. 腾空飞脚

右脚落地,左脚上摆。右拳变掌摆起,左掌击右掌背,右手拍右脚面,左掌上举(图 6-84)。

图 6-83　右拍脚

图 6-84　腾空飞脚

## 32. 歇步下冲拳

落地,左掌变拳收腰侧;右转体 90°,歇步。右掌变拳收腰侧;左拳前下冲(图 6-85)。

图 6-85　歇步下冲拳

## 33. 仆步抢劈拳

右上左后下摆臂,左转体 270°,左吸腿,两臂划立圆,后落左腿仆步,左拳后举,右拳前伸(图 6-86)。

**图 6-86　仆步抢劈拳**

## 34. 提膝挑掌

起身成右弓步,两臂抢摆划立圆,提右膝吸腿,右掌上挑,左后反勾手(图 6-87)。

**图 6-87　提膝挑掌**

## 35. 提膝劈掌弓步冲拳

躬身落手,右转体 90°,右掌下劈,左拳抱腰;左腿蹬成右弓步,右手变拳收至腰侧,左冲拳(图 6-88)。

图 6-88　提膝劈掌弓步冲拳

## 36. 虚步亮掌

右脚后扣成左虚步,左臂成勾手;右臂划弧亮掌(图 6-89)。

图 6-89　虚步亮掌

## 37. 并步对拳

左腿后撤,两掌腰前穿出,右腿后撤,并脚。两臂划弧屈臂下
按,两掌变拳(图 6-90)。

图 6-90　并步对拳

38. 还原

恢复成预备势,并步直立,两臂自然下垂(图 6-91)。

图 6-91　还原

(二)太极拳

太极拳是我国传统武术养生运动项目,在我国传统武术养生功法运动中具有较高的地位与作用,是当前学校武术教学的重要教学内容之一。

相传,太极拳是由武当创始人张三丰所创,武当派属于道家学派,道家注重养生,提倡"道法自然""天人合一",其提出的养生理念和方法均建立在自然现象变化规律的基础之上,具有显著的修身养性的效果,道家哲学强调通过"见素抱朴""少私寡欲""静以养神"来实现养生,太极拳的动作与套路练习都是建立在传统气息导引方法、经络疏通方法基础之上的,通过动作来实现对身体内环境的调整,进而达到身心的去浊、静养、蓄精养锐。

据考证,太极拳起源于我国明末清初时期,当时在我国河南温县陈家沟和赵堡镇,百姓间流传着一种武术拳术练习,这些拳术练习的代表人物是陈王廷和蒋发,经过研究表明,这两人对太极拳的最初传习有学者和史料研究证实真实可信。中国武术史学家唐豪考证,最早传习太极拳的是明末清初河南温县的陈王廷,他结合我国古代的导引养生术和经络学说,研究道家的《黄庭经》,参照戚继光的《拳经》,创编了最初的太极拳,即陈式太极拳。

随着太极拳的不断发展,太极拳的流派逐渐增多,先后有了杨式、孙式、吴式、武式以及武当、赵堡等多种流派,太极拳大师们通过对太极拳运动的深入研究与创编、传播,将太极拳运动发扬光大。新中国成立以后对太极拳运动及其文化进行了系统整理与研究,并且为了在社会大众中持续推广和普及太极拳运动,国家体育总局汇总整理创编了二十四式太极拳,太极拳运动得到了进一步地广泛推广。太极拳和太极文化还进一步走出国门,在世界范围内具有广泛的影响,"太极"也成为许多外国人认识中国的一个重要文化符号。

太极拳重视以静养生,太极拳的《拳谱》中说:"静中触动动犹静,因敌变化示神奇",太极拳拳理说的"静"是动中之静,而非绝对的静,包括"身静"和"心静"两个部分。所谓"身静"指动作缓慢轻柔,"内宜鼓荡,外示安逸",要求"运劲如抽丝,迈步如猫行",动作应柔中寓刚、徐缓不躁、行动轻灵。所谓"心静",指整个太极拳的习练要做到排除杂念,心理始终保持宁静状态,思维集中到动作上,"意到身随"。此外,太极拳还十分强调动作与呼吸、意念相配合,一般来说,在太极拳的动作中,做起(上)的动作时吸气,落(下)的动作时呼气;开(两臂张开)时吸气,合时呼气,这种呼吸能很好地把气息、注意力集中到动作上。

太极拳运动在我国民间广泛流传,太极拳套路习练中,人体在上悬下沉的劲力作用下,被对拉拔长,身体各部位都要撑开,胸腹宽舒,各关节灵活转动,整个身体状态为全身放松,节节贯穿,气贯于梢,下桩沉稳,有利于发劲。① 太极拳是已经被实践证实了具有显著的健身养生效果的武术拳术。现代人也从西方运动学、生理学、医学等多学科对太极拳进行了研究,证实太极拳对运动保健康复、预防慢性病、老年性疾病有重要价值。这也是太极拳运动成为当前我国社会大众健身养生运动的首选运动项目之一的重要原因。

二十四式简化太极拳是高校武术太极拳教学的主要内容,共

---

① 国家体育总局武术研究院. 陈式太极拳[M]. 北京:高等教育出版社,2009.

有八组,二十四式动作,具体动作如下。

1. 起势(图 6-92)

(1)双脚并拢,上体正直,挺背、沉肩。

(2)左脚向左迈步,开立,双臂缓缓平举。

(3)屈膝下蹲;两掌缓缓下按至腹,垂肘,目平视。

①      ②      ③      ④

图 6-92  起势

2. 左右野马分鬃(图 6-93)

(1)上体微向右转,右手缓缓上升,胸前平举,双手心相对抱球。下肢跟随体转动作移动重心,右脚支撑身体主要重心。

(2)上体微向左转,身体恢复正向前的状态,双手跟随身体移动向左平移;左腿屈膝缓缓向左准备迈步。

(3)上体左转,左弓步;双手缓缓由抱球同时向左推出,手腕松活。

(4)上体稍后坐,屈右膝,翘左脚尖。

(5)重心前移至左腿,左腿弓,左弓步,左手缓缓上行、右手缓缓下按,双手抱球。

(6)上体稍微左移,右腿前迈屈腿,左腿翘脚尖、脚跟支撑,双手左下、右上慢慢错开。

(7)左脚上步,左弓步,上体左转,双手前推左上、右下分开、屈肘,形似抱球。

(8)左转体,右脚上步,双腿屈膝。

(9)~(11)同(6)~(7),唯左右相反。

（12）~（13）左脚向前迈步，脚跟先着地，逐渐过渡到全脚掌着地，左弓步，左手前上推出，掌心向内，右手后下按至右腹部。

**图 6-93　左右野马分鬃**

### 3. 白鹤亮翅（图 6-94）

（1）上体微左转，左手翻掌，左臂平屈，双手相对。

（2）右脚跟进，屈右膝，翘左脚尖，身体稍后坐，双手右上、左下慢慢分开。

（3）上体左转，重心稍向前移，双手左下、右上慢慢分开。

**图 6-94　白鹤亮翅**

### 4. 左右搂膝拗步（图 6-95）

（1）左手下行，右手上行，手心相对，屈肘。

（2）左脚前迈步，抬右脚跟，屈右膝，重心前移，左手前上推掌，右手右下按掌。

（3）重心上、后移，上体右转，右手右后上划弧，至手指尖与眼平，左手收至胸前，掌心向外。

（4）上体稍左转，重心前移，收右手前推掌，左手向下按掌至左大腿根。

（5）左转体，左脚上步，左弓步，右手缓缓前推，左手不动。

（6）～（10）同（1）～（5）动作，唯左右相反。

（11）～（15）同（1）～（5）动作。

图 6-95　左右搂膝拗步

5. 手挥琵琶（图 6-96）

（1）上体后坐，右脚跟进。

（2）上体微右转，左脚前移，左虚步，左手向上挑举，屈肘。

（3）上体稍后坐，右手收回至左臂肘里侧；双手立掌；目视左手。

图 6-96　手挥琵琶

6．左右倒卷肱(图 6-97)

(1)上体稍右转,右手翻掌后举,左手向上翻掌。

(2)屈右肘,右手由耳侧前推,屈左肘后撤至左肋外侧;左腿提、退成右虚步,右脚扭正;目视右手。

(3)上体左转,左手划弧平举,右手翻掌。

(4)(5)同(2)(3)动作,唯左右相反。

(6)(7)同(2)(3)动作。

(8)同(2),唯左右相反。

(9)~(13)同(3)~(7)动作。

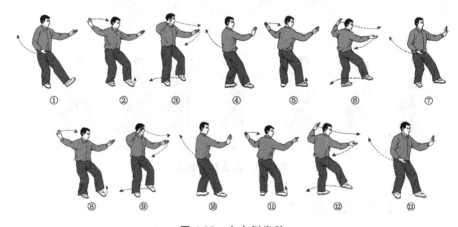

图 6-97　左右倒卷肱

7．左揽雀尾(图 6-98)

(1)上体左转,右手划弧平举,目视左手。

(2)右转体,左手翻掌划弧下按,右臂屈肘收手至胸前。

(3)左脚收至右脚内侧,双手抱球。

(4)(5)上体左转,左脚左迈,右腿蹬,左弓步,左臂左前拥出,右手落于右胯旁,目视左前臂。

(6)左转体,双手翻掌(左下右上),下将。

(7)上体右转,右手心向上向右推出,左臂胸前平屈。

(8)(9)左转体,右臂屈肘折回,双手挤出,左弓步。

（10）左手翻掌，右手经左腕前右伸，双手左右分开。

（11）右腿屈膝，上体后坐，翘左脚尖；两肘腹前回收。

（12）（13）上式不停，双手前推，左腿前弓，左弓步，目平视。

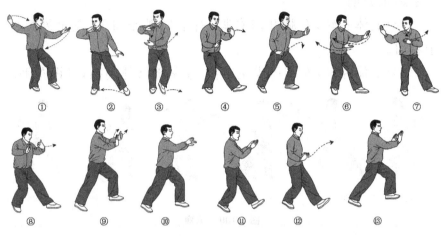

图 6-98　左揽雀尾

8. 右揽雀尾（图 6-99）

上体后坐，右转体，左脚尖里扣；右手划弧至左肋前；左臂胸前平屈，双手抱球；右脚收到左脚内侧，目视左手。

此后，动作同"左揽雀尾"（4）～（13）解，唯左右相反。

图 6-99　右揽雀尾

9. 单鞭(图 6-100)

(1)上体后坐,右脚尖里扣;上体左转,双手划弧至右臂平举,右手运至肋前。

(2)上体右转,左脚并向右脚;右手划弧变勾手,左手划弧停于右肩。

(3)上体左转,左脚迈成左弓步;左掌随转体前推,目视左手。

图 6-100　单鞭

10. 云手(图 6-101)

(1)~(3)右转体,左脚尖里扣;左手划弧至右肩,右手松勾变掌。

(4)~(6)上体左转;左手左运转,右手腹前划弧至左肩。

图 6-101　云手

（6）右脚靠近左脚，右手收至胸前，左手向下、左外按，目视右手。

（7）～（8）上体右转，左手腹前划弧，右手向右翻转；左腿左跨步；双手继续右前推进。

（9）左转体，重心左移，右手下按收至右大腿根，左手左收至左肩上，掌心向后。

（10）右脚并向左脚，双腿微屈膝，左手反掌左前推出，右手上提、向左前推出。

（11）～（15）同（6）～（10）动作。

11. 单鞭（图 6-102）

（1）右转体，左手向下划弧至左大腿外侧，右手右后回收至胸前。

（2）上体右转，左手右上收至右腹，右手反掌向右前推出。

（3）右手变勾手；左手划弧至右肩，左脚尖点地。

（4）～（5）左转体，左脚左前迈出，左弓步，左手左前翻掌划弧前推。

图 6-102　单鞭

12. 高探马（图 6-103）

（1）右脚跟进，右勾手变掌，双手心翻转向上，左脚跟离地。

（2）上体左转，右掌前推，左手收至左腰；左脚前移成左虚步。

图 6-103　高探马

**13. 右蹬脚**（图 6-104）

（1）～（2）左手前伸，双手交叉分开向下划弧，左腿屈膝提起，脚尖向下。

（3）～（4）左脚进、右腿蹬，左弓步；双手由外圈向里圈划弧，左脚靠拢，脚尖点地。

（5）～（6）右腿屈膝提起，右蹬腿，双手划弧左右分开平举外推。

图 6-104　右蹬脚

**14. 双峰贯耳**（图 6-105）

（1）右腿回收至屈膝吸腿，左手回收至胸前，双手前推。

（2）双手向下划弧落至右膝两侧。

（3）右脚落成右弓步，双手下落变拳。

（4）左腿前弓，左弓步，双手划弧至面前成钳形；两拳相对，目视右拳。

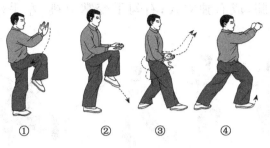

①　　　　②　　　　③　　　　④

**图 6-105　双峰贯耳**

15. **转身左蹬脚**(图 6-106)

(1)上体左转,左腿屈,右脚尖里扣。

(2)左转体,两拳变掌划弧分开平举。

(3)左转体,右脚踏实,左脚虚着地,双手由上向下划弧下按。

(4)左脚收至右脚内侧,双手划弧合抱于胸前。

(5)左腿屈膝吸腿,双手胸前分开抱球。

(6)左蹬腿;双手划弧分开平举,目视左手。

①　　　②　　　③　　　④　　　⑤　　　⑥

**图 6-106　转身左蹬脚**

16. **左下势独立**(图 6-107)

(1)左腿收回平屈,收左手至左前胸。

(2)上体右转,左腿屈膝后蹬,脚跟向后、脚尖向下,右掌变勾手,左掌下落于右肩前。

(3)左脚下落,右转体,弓右腿,右弓步。

(4)右腿屈膝下蹲,左腿伸成左仆步;左手下落前穿。

(5)左腿前弓,右腿后蹬,上体左转起身;左臂立掌前伸。

(6)右腿支撑,屈膝,左腿缓缓离地、提起。

（7）提左腿,成右独立式;右勾手变掌上挑,左手落于左胯旁,目视右手。

①　　　②　　　③　　　④

⑤　　　⑥　　　⑦

图 6-107　左下势独立

17. 右下势独立(图 6-108)

右脚下落于左脚前,左脚跟带动身体左转;左手向后平举变勾手,右掌随转体左划弧于左肩,目视左手。

此后,动作同"左下势独立"(4)～(7)解,唯左右相反。

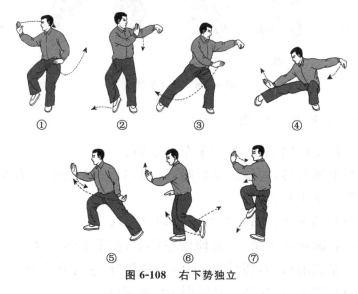

①　　　②　　　③　　　④

⑤　　　⑥　　　⑦

图 6-108　右下势独立

18. *左右穿梭*（图 6-109）

（1）左转体，左腿前落地。

（2）右脚跟离地；双手左胸前抱球。

（3）右脚收到左脚内侧。

（4）～（6）右转体，迈右脚成右弓步；右手翻掌架于右额前，左手向左下、前推出。

（7）～（8）右脚尖外撇，左脚跟前迈停于右脚内侧，双手胸前抱球。

（9）～（11）同（4）～（6）动作，唯左右相反。

① ② ③ ④ ⑤ ⑥

⑦ ⑧ ⑨ ⑩ ⑪

**图 6-109　左右穿梭**

19. *海底针*（图 6-110）

（1）右脚跟进，右脚举步；右手先落，后提至耳旁，左手落至体前侧。

（2）左脚尖虚点地；体稍右转；右手由耳旁斜插，左手划弧落于左胯旁，目视前下方。

**图 6-110　海底针**

20．闪通臂（图 6-111）

（1）上体右转，左脚回收举步，双手上提。

（2）左脚前落步，双手左前、右后分开。

（3）左腿屈膝弓步；右手右额前举，左手胸前推出，目视左手。

**图 6-111　闪通臂**

21．转身搬拦捶（图 6-112）

（1）上体后坐，重心右移，左脚尖里扣。

（2）右后转体，右手腹前划弧至左肋旁，左掌上举于头前。

（3）～（4）右转体，右拳撇出，左手落于左胯，右脚收回后再前迈。

（5）～（6）左腿上步，从脚尖过渡到脚跟踏实，重心落在两脚中间，上身稍前俯；左手划弧拦出，右拳划弧收到右腰旁。

（7）左腿弓步，右拳前打，左手附于右前臂内侧；目视右拳。

图 6-112　转身搬拦捶

22. 如封似闭（图 6-113）

（1）左手前伸，上身继续向前俯身。

（2）完全的左弓步，双手继续向前推出，双拳松开变掌。

（3）上体后坐，重心后移，左脚尖翘起；双手心翻转分开回收。

（4）双手胸前翻掌，下经腹向上、前推出。

（5）左脚踏实，重心前移，双手继续向前推出。

（6）左腿弓成左弓步，双手向前推手至远，保持屈肘。

图 6-113　如封似闭

23. 十字手（图 6-114）

（1）屈膝后坐，左脚尖里扣，双手向身体方向回收。

（2）右转体，右手右摆划弧，两臂侧平举；右脚尖外撇成右弓步。

（3）上体后移，身体后坐，重心后移，收右脚，右脚尖里扣，向左收回，双手向下划弧至下展双臂。

（4）双手下经腹向上划弧交叉合抱于胸前，右手在外，成十字手。

图 6-114　十字手

24. 收势（图 6-115）

双手外翻，缓缓落臂至腹前；两腿缓慢蹬直，成并步直立，两掌落至腿侧，目平视。

图 6-115　收势

## 二、武术养生项目教学

养生是中国传统武术的重要运动价值，是历代武术大家从事武术运动都追求的一个重要运动目的。武术养生功法运动的形成与我国传统养生文化具有非常密切的关系。在我国传统养生文化影响下的传统武术习练经过不断的发展演变，其动作内容和形式都与我国人民群众的身体的和谐发展相契合，同时遵循了人体自身的发展规律，融入了传统哲学中人与自然的和谐发展规律，是对人体科学发展的一种有益探索，并最终被实践证实，武术养生运动项目的长期坚持习练，能切实实现运动者的强身健体、益寿延年。现代武术学校教育体系中，武术养生项目是武术教育教学的重要内容,对于帮助学生建立传统健身养生观,养成养生保健意识,掌握与运用武术养生功法促进身心健康发展具有重要教育价值。

武术气功养生教学中,五禽戏、八段锦、易筋经是常见武术教学项目。

（一）五禽戏

五禽戏是我国传统武术养生功法练习,相传为古代名医华佗创造,西晋时陈寿的《三国志·华佗传》:"吾有一术,名五禽之戏,一曰虎,二曰鹿,三曰熊,四曰援(猿),五曰鸟。亦以除疾,并利蹯(蹄)足,以当导引。"

在我国古文献中,有很多文献中都曾提到过五禽戏,五禽戏在我国古代是民间十分流行的武术健身养生运动项目,南北朝时名医陶弘景所著的《养性延命录》最早用文字描述了五禽戏的具体动作。明代周履靖的《夷门广牍·赤风髓》、清代曹无极的《万寿仙书·导引篇》中,都有关于五禽戏的具体习练动作描述。

尽管各个时期对五禽戏的具体习练动作描述不同,但是这些养生动作都是围绕五种动物而进行的武术动作模仿练习,这五种动物即为"虎、熊、鹿、猿、鸟"。通过对不同动物的动作模仿,加入拳理进行改编,结合自身练功的体验的"仿生式"导引法,对习练者强身、健体、气血运行、经络疏通、疾病防治等均具有良好的促进效果。

五禽戏是我国古人从大自然中吸取养生心得并充分发挥养生智慧的重要养生运动项目,通过对五禽戏的教学,对于学生了解我国五禽戏传统养生观念与养生文化,通过五禽戏动作习练强健身体、预防疾病具有重要教育作用。

五禽戏实践内容教学主要是"虎、熊、鹿、猿、鸟"的动作"仿生式"养生练习,具体内容和习练方法如下。

1. 虎戏

动作如图 6-116 所示。

（1）俯身，脚掌踏实，双腿屈膝，双手按地，吸气，身躯前耸至极，稍停，身躯后缩，呼气，如此反复3次。

（2）双手先左后右前挪，同时，两脚后退，拉伸腰身。

（3）上抬头，头正平视。

（4）像虎行进，四肢前爬七步，再后退七步。

图 6-116　虎戏

2. 鹿戏

动作如图 6-117 所示。

（1）四肢着地，臀部稍抬起，脚跟不离地。吸气，头左转至极，稍停，呼气；头回转，吸气。

（2）右转头，方法如前。共左转3次，右转2次。

（3）抬左腿，后伸，稍停，还原。

（4）抬右腿，方法如前。共左腿后伸3次，右腿2次。

图 6-117　鹿戏

3. 熊戏

动作如图 6-118 所示。

（1）以仰卧姿势开始，屈腿，双手抱膝下，头上顶，腰部用力，使得肩背离开地面成坐姿，略停。

（2）以左肩侧滚落地面，肩触床后即可恢复坐姿，略停。

（3）以右肩侧滚落地面，起。左右反复各 7 次。

（4）起身，蹲姿，双手侧开撑地。

（5）如熊行走，抬左脚、右手掌离地，落；抬左脚、右手掌离地，落。左右反复数次。

图 6-118　熊戏

4. 猿戏

动作如图 6-119 所示。

图 6-119　猿戏

（1）选一根横竿，高悬，站立时手指可触为宜，双手抓握竿如猿攀物，两脚悬空，做引体向上7次。

（2）左脚背勾横竿，松手，头身倒悬，略停。

（3）右脚背勾横竿，倒悬身躯，如此左右交替各7次。

5. 鸟戏

如图6-120所示。

（1）双脚开立，双手下展臂，吸气，翘左腿，两臂侧平举，扬眉，如鸟展翅欲飞。

（2）呼气，左腿回落，两臂回落。

（3）翘右腿，方法如前。如此左右交替各7次。

（4）坐下，屈右腿，双手抱右膝，拉近贴胸，稍停。

（5）后双手抱左膝，方法如前，如此左右交替各7次。

（6）站起，两臂如鸟理翅般伸缩各7次。

**图6-120　鸟戏**

（二）八段锦

八段锦是由八节动作组成的一种健身运动方法。八段锦原名"吕真人安乐法"，南宋陈元靓所编《事林广记·修真秘旨》中，有记载："昂首仰托顺三焦，左肝右肺如射雕；东脾单托兼西胃，五劳回顾七伤调;鳝鱼摆尾通心气,两手搬脚定于腰;大小朝天安五脏,漱津咽纳指双挑。"

从八段锦发展历程来看,清朝末年,《新出保身图说·八段锦》首次以"八段锦"为名,并绘有图像,形成了较完整的动作套路。现代所看到的八段锦套路动作是在对传统八段锦进行系统挖掘与整理的基础上,汇编而成,在社会大众中推广,并纳入我国高校传统体育教学。

八段锦全套动作精炼,运动量适度,其每节动作的设计,都针对一定的脏腑或病症的保健与治疗需要,有疏通经络气血、调整脏腑功能的作用。

从现代运动学的角度来看,八段锦属于有氧运动,八段锦动作习练要求"动静结合",动作节分沉稳,有缓慢用力之处,外观定式并没有停止内劲,肌肉继续用力,保持牵引抻拉,节节贯穿,对身体锻炼部位能起到很好的运动强度刺激;八段锦练习还要求"松紧结合",运动中肌肉、关节及中枢神经系统、内脏器官要适当放松,但要做到松而不懈,保持正确的姿态,适当用力,且缓慢进行,能很好地锻炼身体各部位的控制力,这种控制力是各身体素质的综合表现。此外,八段锦习练要求形、神、气相结合,养生功法练习应集中注意力,在意识的指导下专注于动作表现,促进真气在体内的运行,以达到强身健体的功效。

目前,我国高校武术教学中的八段锦内容教学主要是结合八段锦的歌诀来开展的,具体内容与练习方法如下。

1. 预备势

站姿,双脚并立,身体正直,双手自然垂于体侧,手指贴裤缝,头正直,目平视(图 6-121)。

2. 第一段:双手托天理三焦

动作如图 6-122 所示。

(1)直膝,十指腹前交叉。

（2）胸前托掌，再托两臂，抬头。

（3）上举两臂，直肘；提脚跟，抬头，目视手背。

（4）呼气，缓低重心，十指分开，两臂下落。

图 6-121　预备式　　　　　图 6-122　双手托天理三焦

3. 第二段：左右开弓似射雕

动作如图 6-123 所示。

（1）右脚向右迈步，马步蹲，两掌胸前交叉。

（2）右掌变爪，置于肩前；左手八字掌左平推，似左开弓。

（3）右移重心，右手爪变掌，向上、右画弧与肩齐高；左手变掌，右移重心；两掌胸前交捧，目视前方。

（4）右开弓，同（2）动作，方向相反。

图 6-123　左右开弓似射雕

4. 第三段：调整脾胃须单举

动作如图 6-124 所示。

图 6-124　调整脾胃须单举

（1）收右脚，双脚并立，直膝，胸前屈肘抬臂，掌心向下。

（2）左手内旋上举，右手下按，此为"左举"。

（3）"右举"同"左举"动作，方向相反。

5. 第四段：五劳七伤往后瞧

动作如图 6-125 所示。

（1）直膝，并步，头左后转，目后视。

（2）头还原。头右后转，目后视。

图 6-125　五劳七伤往后瞧

6. 第五段：摇头摆尾去心火

动作如图 6-126 所示。

（1）左脚左跨，马步，双手扶按膝，虎口朝里。

（2）吸气，头左下摆，臀右上摆，上体左倾。

（3）呼气，头右下摆，臀左上摆，上体右倾。

（4）上体前俯，头、躯干自绕环一周。

图 6-126　摇头摆尾去心火

7. 第六段：双手攀足固肾腰

动作如图 6-127 所示。

（1）并步，直立，稍抬头，双手背后，目视前上方。

（2）上体前屈，直膝，直臂，双手分握两脚尖。

图 6-127　双手攀足固肾腰

8. 第七段：攒拳怒目增力气

动作如图 6-128 所示。

（1）左脚左跨，马步，双手腰间抱拳，目前视。

（2）左拳用劲缓缓前冲，小臂内旋拳心向下。左拳变掌，抓握成拳，收抱腰间。此为"冲左拳"。

（3）冲右拳同冲左拳，方向相反。

图 6-128　攒拳怒目增力气

9. 第八段：背后七颠百病消

动作如图 6-129 所示。

（1）收左脚，双脚并立，收双手，双手左里右外身后交叠，提脚跟，百会上顶，吸气。

（2）足跟落，接近地面，呼气。

图 6-129　背后七颠百病消

10. 收势

（1）两臂侧摆，与髋齐高。

（2）屈肘，两掌于丹田相叠，两臂体侧自然下垂。

## 三、武术器械项目教学

### （一）刀术

刀是一种古兵器，后演化为当今的武术器械，根据相关考证，在旧石器晚期就已经出现了石刀，夏商时期，出现铜刀专门作为兵器。东汉时期，铁刀已相当精良。此后随着制作工艺的发展，各种各样的刀开始出现。

和其他器械相比，刀的运动特点是刚劲有力、勇猛快速、凶猛剽悍、气势逼人，因此是古时常用作战工具。在刀术的发展历史过程中，逐渐形成而来许多不同的刀术流派和演练技法，兼具搏杀技击性、舞练的表演性特点。

武术初级刀术教学内容与学练方法如下。

　　预备势：两脚并立，左手握刀，刀背贴前臂内侧；右手垂于体侧（图 6-130）。

　　**1. 起势**

　　双手同时从两侧向上绕环，右手拇指张开贴刀盘，接左手刀（图 6-131）。

图 6-130　预备势　　　　　　　图 6-131　起势

　　**2. 弓步藏刀**

　　屈右膝，左上步。右手持刀左绕向身后，左臂内旋左伸；右手持刀，从后—右—前—左平扫至左肋；左臂头上横掌（图 6-132）。

图 6-132　弓步藏刀

　　**3. 虚步藏刀**

　　上体右转，右弓步。右手持刀右平扫；左掌左平落；右臂外旋，刀背身后平摆；右脚碾地，左转虚步；背后绕刀，左手向下右腋绕环;右手从左肩外向后下拉回,左手侧立掌推出(图 6-133)。

图 6-133　虚步藏刀

### 4. 弓步扎刀

左脚前移,右弓步;左掌向后直臂弧形绕环至身后平举成勾手,勾尖朝下;右手前扎(图 6-134)。

图 6-134　弓步扎刀

### 5. 弓步抡劈

左弓步。右手内旋、屈腕,刀尖上挂;左勾手变掌附右肘;右手从上向右前劈,左手头上横掌,目视刀尖(图 6-135)。

①　　　　　　　　　②

图 6-135　弓步抡劈

### 6. 提膝格刀

左脚尖外展,右腿提膝。刀左上横格,立于胸前;左手横附于刀背上,目视刀身(图 6-136)。

图 6-136　提膝格刀

### 7. 弓步推刀

右脚落步;右手贴身绕环;左掌下按刀背;上体右转,左弓步。右手持刀前撩;上身前探,目视刀尖(图 6-137)。

①　　　　　　　　　　②

图 6-137　弓步推刀

### 8. 马步劈刀

上体右转,马步。右手持刀抢劈,刀尖齐眉;左掌头上横掌,目视刀尖(图 6-138)。

### 9. 仆步按刀

右脚后撤,左仆步,上身右转,右手持刀外腕花;左掌下按切附右腕,目左平视(图 6-139)。

图 6-138　马步劈刀　　　　　　　图 6-139　仆步按刀

10. 蹬腿藏刀

右腿蹬,左腿提膝;右手回拉,左掌前伸;上身左转,右手从后向前下朝左裹膝抄起,左掌附右臂;右手刀肩背绕行,左弓步,左掌左平摆;右手持刀平扫,左掌头上横举;右脚上蹬(图 6-140)。

①　　　　　　　　②　　　　　　　　③

④　　　　　　　　⑤

图 6-140　蹬腿藏刀

## 11. 弓步平斩

右脚落，上左脚，提右脚，上身右后转；左掌平摆；右手持刀裹脑；左弓步；右手持刀贴左肋；左手头上横掌；右弓步。右手持刀右扫；左掌从上向后平摆（图6-141）。

① ② ③

**图6-141　弓步平斩**

## 12. 弓步带刀

右手持刀臂外旋，仆步；持刀左上屈肘带回；左臂屈肘，左掌附刀把内侧，目右侧平视（图6-142）。

① ②

**图6-142　弓步带刀**

## 13. 歇步下砍

右手持刀肩背后绕行；左掌左侧平伸；左脚插步；右手背肩外侧绕行，刀身平放；左掌向右腋弧形绕环；歇步，右手刀下砍，左横掌，目视刀身（图6-143）。

① ② ③

**图6-143 歇步下砍**

### 14. 弓步扎刀

上体左转,左脚上步,左弓步。右手持刀平扎;左掌附右腕内,目视刀尖(图6-144)。

**图6-144 弓步扎刀**

### 15. 插步反撩

上体右转,左脚上步,右臂内旋,刀前—上—后直臂弧形绕行;收左肘;右弓步,右手持刀下前直臂撩起;头上左横掌;右脚内扣,上体左转,刀收腹前,左掌附右腕;左插步,右手反臂撩刀,左掌左上插出(图6-145)。

① ② ③ ④

**图6-145 插步反撩**

16. 弓步藏刀

左脚上步。右手持刀缠头；左弓步，右手持刀背后左平扫，至左肋内旋；左掌头上横举（图6-146）。

①　　　　　　　　　②

图 6-146　弓步藏刀

17. 虚步抱刀

上身右转，腿左直右屈。右手持刀右扫，左掌左摆；直身，右手刀身后平扫；右弓步。右手由背后经肩外体前平带；左掌由左向前下摆起，掌心托刀盘；右脚外转，左虚步；左手接刀，身前抱刀下沉；右手头上横掌（图6-147）。

①　　　　　②　　　　　③　　　④

图 6-147　虚步抱刀

收势：同预备势。

（二）剑术

剑是"百刃之君"，古时，宝剑少见，只有帝王才有条件和资格拥有。关于剑的一些传说中，最早的剑相传为"皇帝铸剑""蚩尤造剑"，宝剑的出现往往预示着君统天下的天意。

武术界有"剑起吴越，拳兴于齐"之说，这比皇帝、蚩尤造剑要稍晚一些。剑最初用于军事战斗，在刀出现后退出军事舞台，主要在民间以武术娱乐表演形式存在。古代习剑之风盛行，甚至文人墨客也喜欢佩戴剑、练剑、写剑。在文人看来，习剑往往与人生抱负结合紧密。剑术是武术体系中非常重要的一部分内容，经长期发展，剑术剑法多变、攻防鲜明，同时兼具健身表演价值。武术初级剑术套路教学及其学练方法如下。

预备势：并步直立，左手持剑贴前臂后侧。右手剑指，肘微屈，目左平视（图6-148）。

**图6-148　预备势**

1. **弓步直刺**（图6-149）

右手接剑，左手剑指。左脚上步、左弓步；上体左转，右手持剑平刺，左手剑指后平举。

2. **回身后劈**（图6-150）

右脚上步，屈膝，上体右转。右手持剑后劈，左手剑指弧形绕环至头上屈肘侧举，目视剑尖。

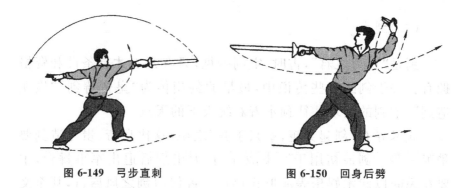

图 6-149　弓步直刺　　　　　　图 6-150　回身后劈

3. 弓步平抹（图 6-151）

左脚上步，左弓步。左手剑指胸前绕至头上举；右手持剑平抹。

4. 弓步左撩（图 6-152）

提右腿，右手持剑臂外旋划弧，左手剑指附右腕；右腿落步，右弓步。右手持剑反撩。

图 6-151　弓步平抹

图 6-152　弓步左撩

5. 提膝平斩（图 6-153）

左脚上步,右手持剑平绕至头上,右脚后提。右腕翻转,剑平绕前平斩;左手剑指左上绕至头上斜指。

6. 回身下刺（图 6-154）

右脚落步,上体右转,右手持剑手腕反屈,左手剑指靠拢右手,刺剑直伸,目视剑尖。

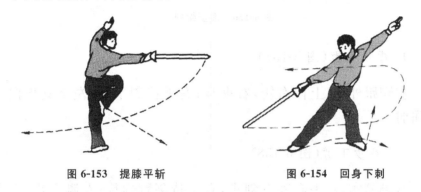

图 6-153　提膝平斩　　　　　图 6-154　回身下刺

7. 挂剑直刺（图 6-155）

屈左膝,右臂内旋反手翘腕、摆臂,剑尖左上抄至左肩,胸前平落;直左腿,提右腿,左手剑指附右腕;上体右转,右弓步,右手持剑下刺,左手剑指后平伸。

图 6-155　挂剑直刺

8. 虚步架剑（图 6-156）

右手持剑搅圈,臂内旋,上体后转,交叉步;右手持剑反手上架;左手附右腕;左脚进成虚步,右手后引剑,左手剑指平伸。

图 6-156　虚步架剑

**9. 虚步平劈**(图 6-157)

左脚跟外展,上体右转,右虚步;右手持剑平劈,左手剑指向上屈肘。

**10. 弓步下劈**(图 6-158)

右脚踏实,左手右腋下剑指,右手持剑臂内旋;左脚上步、左弓步;右手持剑屈腕左平绕圈前下劈剑;左手头上剑指。

图 6-157　虚步平劈　　　　　图 6-158　弓步下劈

**11. 带剑前点**(图 6-159)

右脚靠左脚,虚步,右手持剑上屈腕,左手剑指落附右腕;右脚前跃,左脚跟,丁步;右手持剑前点,左手头上剑指。

图 6-159　带剑前点

12. 提膝下截(图 6-160)

右腿直,左腿退步屈膝,上体后仰。右臂外旋使剑绕环;再内旋使剑划弧下截,提左腿。

图 6-160　提膝下截

13. 提膝互刺(图 6-161)

右腿屈膝,左脚落步,右臂外旋上屈肘,左手剑指落按剑柄,交叉步;提右腿,直左腿。右手持剑平刺;左手剑指后伸。

图 6-161　提膝互刺

14. 回身平崩（图 6-162）

右脚前落步，左脚跟外转，上体后转，交叉步；右手持剑外旋再收回，左手剑指上举经耳落附右手；上体右转，直左腿，屈右腿。右手持剑右崩；左手剑指额左上举。

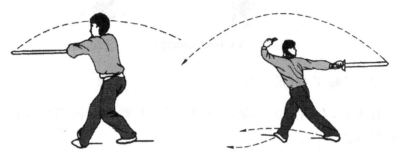

图 6-162　回身平崩

15. 歇步下劈（图 6-163）

右脚蹬跳，左脚横跨落地，右腿插步成歇步；右手持剑上举，再左下劈，左手剑指按于右手腕。

图 6-163　歇步下劈

16. 提膝下点（图 6-164）

右手平持剑，脚掌碾地，上体右后转，右手持剑平绕一周；上体左后仰，剑身绕环，左手剑指屈肘侧举；直右腿，提左腿，上体右下探俯，右手持剑下点。

图 6-164　提膝下点

17. 并步直刺（图 6-165）

上体左后转；右臂内旋，剑尖转身前，左手剑指绕环；右脚跟左脚前落步，屈膝；右手持剑平刺，左手剑指附右腕。

图 6-165　并步直刺

18. 弓步上挑（图 6-166）

右脚上步屈膝，左腿挺膝，成右弓步；右手持剑挑举，左手剑指平伸，目视剑指。

19. 歇步下劈（图 6-167）

右腿伸直，左脚上步，两腿交叉屈膝成歇步；右手持剑下劈，左手剑指附右腕里侧，目视剑身。

图 6-166　弓步上挑　　　　　图 6-167　歇步下劈

20. 右截腕（图 6-168）

两脚掌碾地，上体右转，左虚步；右臂内旋，剑前刃前上划弧翻转，右手持剑后上托。

21. 左截腕（图 6-169）

左脚上步，上体左后转，右虚步；右臂外旋，剑身前端向左前上划弧翻转，左手剑指侧上举。

图 6-168　右截腕　　　　　图 6-169　左截腕

22. 跃步上挑（图 6-170）

左脚上步，后抬右脚；右持剑右上再左屈肘划弧，左手剑指附右腕，月式平衡；右手右下划弧上挑；左手屈臂剑指。

图 6-170　跃步上挑

23. 仆步下压（图 6-171）

右手持剑弧形平绕，直右膝，提左腿；左手剑指经身前下落按右腕。左脚左侧落步，右仆步；右手持剑平压。

图 6-171　仆步下压

24. 提膝直刺（图 6-172）

直立，提左腿，右腿直立，右手持剑平刺，左手剑指屈肘左上举，目视剑尖。

25. 弓步平劈（图 6-173）

右臂外旋，剑下刃上翻，上体左转，左脚左后落步、左弓步。左手剑指向右下、左上绕环；右手持剑平劈。

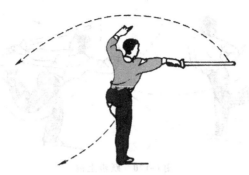

图 6-172　提膝直刺

26. 回身后撩（图 6-174）

右脚前上步，屈膝；左脚离地，屈小腿；右拧腰；右手持剑向后反撩，左手剑指侧上举。

图 6-173　弓步平劈　　　　　　　图 6-174　回身后撩

27. 歇步上崩（图 6-175）

右脚蹬，左脚跃步，上体右后转；左脚落，右腿后摆；右臂外旋，左手剑指身后平伸；歇步；右手持剑下压，左手头上剑指。

28. 弓步斜削（图 6-176）

上体右转，右脚上步，右弓步；右手持剑外旋收回；左手剑指落按剑柄；右手持剑由后—前上斜削，左手剑指后方。

图 6-175　歇步上崩

图 6-176　弓步斜削

29. 进步左撩（图 6-177）

　　直右腿,上身左转,屈左膝,右手持剑经脸左划弧,左手剑指附右腕内;右脚跟碾地,上体右后转,左脚上步虚着地;右手持剑划弧反撩;左手剑指附右腕。

30. 进步右撩（图 6-178）

　　右手持剑上右后划弧,左手剑指收于右肩;右脚上步虚着地;右手持剑划弧抢臂撩起;左手剑指右肩前向下划弧头上举。

图 6-177　进步左撩

图 6-178　进步右撩

31. 坐盘反撩（图 6-179）

　　右脚上步,坐盘式;右手持剑绕环反手上撩,左手剑指经体前下—后上划弧。

32. 转身云剑（图 6-180）

直立，上身左后转；右腿虚着地；右手持剑随身一周后平举；左手剑指附右腕；上身后仰，右手持剑绕一周，交叉步。

图 6-179　坐盘反撩　　　　　图 6-180　转身云剑

收势：回复至预备势，头转正直，目视前方（图 6-181）。

图 6-181　收势

## 四、武术散打项目教学

散打是中国武术运动中的一项双人搏斗项目，还可以被称为散手。散打运动的技术动作实战性强。

散打运动的起源是早期人类与兽、与人的搏斗，以此为基础慢慢演化而来的，至今已经发展成为按一定规则和要求，运用打、击、踢、踹、摔等技击方式，以获得点数胜利或击倒对方为目的的一项的徒手搏击运动。

（一）拳法

1. 冲拳

（1）左冲拳：左脚在前，实战步。前脚掌蹬地，身体稍左转，重心稍前移，左拳前击，右拳放下颌外侧。

（2）右冲拳：右冲拳略同左冲拳，唯发拳时左倾身体。

2. 掼拳

（1）左掼拳：左脚在前，右转体，左拳向外、前、里横掼，臂微屈，拳心朝下，力达拳面或偏于拳眼侧，右拳护右腮。

（2）右掼拳：预备势，右脚蹬地内扣转，合胯左转腰，右拳向外—前—里横掼，力达拳面或偏于拳眼侧。

3. 抄拳

（1）左抄拳：左脚在前，实战步。右转体，重心略下沉，左脚掌蹬地，脚跟外转，向右上挺髋，左拳右击，屈肘 90°～110°，拳心朝里，力达拳面。

（2）右抄拳：右脚蹬地，扣膝合胯，左转腰，右拳由下向前—上抄起，上臂与前臂夹角 90°～110°，拳心朝里，力达拳面。

（二）腿法

以左腿为例，常见散打腿法动作如下。

1. 蹬腿

左正蹬时，左脚在前，左腿提膝抬起，右腿支撑，大腿贴近胸腹，勾脚尖，脚底向前蹬出，力达脚前掌。

2. 踹腿

左踹腿时，左脚在前，实战步，右腿支撑；屈左腿，小腿外摆，勾脚尖,展髋,挺膝前踹,力达脚掌。

### 3. 鞭腿

左鞭腿时,左腿在前,实战步。右腿支撑,上体稍右倾;左腿屈膝左摆,扣膝,绷脚,挺膝弹踢,力达脚背。

### (三)摔法与对抗

### 1. 摔法

常见摔法有以下两种。

(1)抱腿别腿摔

对方左腿击上体,我方右手从上抓其左脚腕,屈左臂肘夹其左膝窝,右后扳拉其左脚腕摔倒对方。

(2)格挡搂推摔

对方左脚在前,拳击我方头部,我方右臂抵挡,顺势由对方左臂外侧自上而下滑,卡其左臂,并上左腿支撑,右手回扒对方左大腿,左手猛推对方左胸使其摔倒。

### 2. 散打对抗

武术散打对抗可因对抗双方实际身体条件、对抗经验、对抗技巧、攻防特点等有多种不同的对抗方式方法。

在武术散打教学中通常通过设定攻防对抗动作机能组合来进行对抗练习,以丰富与提高学生的散打对抗技能经验与水平。常见对抗组合有如下几种类型,具体方法不再赘述。

(1)左冲拳—左踹腿。

(2)左踹腿—右踹腿。

(3)右踹腿—左右冲拳。

(4)左冲拳—抱腿前顶摔。

(5)左侧弹腿—左右冲拳—左踹腿。

# 第三节 武术课程教学改革的总结与思考

## 一、武术课程教学改革的任务

（一）改革教育观念

观念是行动的灵魂，教育观念对教学有指导和统率作用。所有的教学改革困难都源于教育观念的束缚，所有的教学改革尝试都是新旧教育观念的斗争结果。因此，体育教学改革的首要任务就是，确立新的教育观念。

改革教育观念，具体就是要重复确立起与新课程相适应的体现素质教育精神的教育观念。

当前，要深化武术课程教学改革，就必须转变武术教学思想，使武术课程教学发展与当前的社会文化发展要求相适应，通过武术教学真正促进学生发展，同时，落实武术文化传承。

（二）注重体质健康

体育教育的基本任务就是促进学生的体质健康水平和心理素质水平的不断提高，武术教学改革应关注学生的身心健康发展。

当前社会竞争激烈，包括学生群体在内，以高校大学生为例，他们面临着课业负担、就业压力以及人际交往等各种问题，许多大学生身心压力大，缺乏活力。对此，加强体育教学改革，增强学生体质、优化学生心理非常必要。

（三）突出素质教育

突出素质教育是当前体育教学改革的重要任务之一，武术课程教学改革也不例外。

新时期,武术教学应遵循我国的学校教育需培养身心健康和社会能力较强的全面素质发展的人才的基本教学目标,并为这一教学总目标的实现服务,通过武术教学,促进学生身心和谐发展,重视学生的思想品德、文化素质提高。

## 二、武术课程教学改革创新思考

当前我国武术教学理论上要求进入整个教育教学系统,但实际上主要在高校教学中能够真正落实,中小学武术教学较难贯彻落实。现阶段,我国中小学体育局面难以改变,高校对体育教育有自己选择和诉求,作为学生学校体育的最后阶段,应弥补中小学教育的缺失,实施人性化教育,坚持武术教学的"以人为本",促进武术教学参与者(教师和学生)的全面发展。[①]

(一)调整优化武术教学目标

人文体育观念影响下,我国体育教学中出现了"学习领域目标""课程目标"等新概念。调整课程教学目标,改变传统体育教学中的"三基"教育教学,是当前包括高校在内的体育教学发展与创新的重要途径。

就武术课程教学来说,应在教学中将促进学生的个体发展作为促进当前体育教学发展的重要切入点,不断优化武术教学目标,促进学生的全面、个性化发展。

(二)重视学生积极参与

首先,重视武术课程教学模式、方法等的创新,改变"填鸭式"教学,充分调动学生的体育学习和参与的积极性,突出学生在教学中的主体地位。

---

① 黄敏,陈英军,李亚莉. 人性化视野下高校体育教学改革的现状与展望[J]. 体育学刊,2011,18(05).

其次，丰富教学方法与手段，优化教学组织形式，合理选用教学形式，同时，兼顾课堂共性教学和课内、外的个性化教学。

最后，注重人性化教学环境的创设，关爱学生，尊重学生，加强师生、生生的交流沟通。

（三）促进教师的发展与提高

体育教师方面，学校要重视奖励优秀教师，实施优惠政策给予充分的肯定与支持，并为促进教师的自我发展与提高提供便利，定期或不定期组织教师进行学习、交流，进一步增强体育教师的职业责任感和自豪感，使教师全身心投入到武术教学中，调动武术教师教学、钻研、创新积极性与主动性，不断优化武术教学，促进武术教学的改革与发展。

# 参考文献

[1]蔡仲林,周之华.武术[M].北京:高等教育出版社,2016.

[2]金馨瑜,齐旺.中国武术的文化形象[J].当代体育科技,2018,8(14).

[3]刘锦云,宋倩男.武术项目分类对于武术课教学作用的研究[N].山西青年报,2015-9-13.

[4]李德港.我国普通高校高水平武术运动队建设的研究[D].北京:首都体育学院,2012.

[5]李君华.北京普通高校大学生武术课程设置现状研究[D].北京:北京体育大学,2006.

[6]任天平.对高校武术教育的思考[J].体育世界(学术版),2018(5).

[7]李翠霞.结构武术[M].北京:经济日报出版社,2016.

[8]汤一介.武术文化与修身.[M].北京:中央编译出版社,2008.

[9]吴志勇.健身武术.[M].武汉:湖北科学技术出版社,2007.

[10]邱丕相.中国传统体育养生学[M].北京:人民体育出版社,2011.

[11]林小美.大学武术[M].杭州:浙江大学出版社,2008.

[12]马艳.论传统武术的教育价值[D].济南:山东师范大学,2008.

[13]鲁勇,方汝辑.情动于中而形于技——武术套路"意境"与中国传统文化[J].运动,2011(24).

[14]李翠霞.结构武术[M].北京:经济日报出版社,2016.

[15]蔡宝忠.武术文化——中国武术文化基因的构成[M].太原:山西科学技术出版社,2015.

[16]徐东兴.近代武术价值的变迁[M].华中师范大学,2013.

[17]王柏利.武术教学中文化教育性的缺失与重塑[J].沈阳体育学院学报,2009(06).

[18]何艳强.武术教育中武术文化传承的研究[D].郑州:河南大学,2013.

[19]任厚奎.东方哲学概论导言[M].成都:四川大学出版社,1991.

[20]马增强等.中华民族传统体育的话语世界及其现代影响[J].西安体育学院学报,2007(06).

[21]董磊.中国武术的文化使命与责任担当[J].当代体育科技,2018,8(08).

[22]郑健.文化体制改革进程中村落武术文化研究[D].天津:天津体育学院,2013.

[23]李萍.哲学视域下中华武术文化研究[M].长春:东北师范大学出版社,2011.

[24]王岗,陈保学,马文杰.新时代"文化自信"与中国武术的"再出发"[J].北京体育大学学报,2018,41(08).

[25]张江龙,淳友忠.新时代文化自信视野下中华武术文化的发展路径研究[J].武术研究,2018,3(06).

[26]孙珺璟.针对体育武术教学中文化教育性的缺失及重塑[J].当代体育科技,2017,7(35).

[27]黄敏,陈英军,李亚莉.人性化视野下高校体育教学改革的现状与展望[J].体育学刊,2011,18(05).

[28]胡平清.武术教育在学校体育中的功能研究[M].北京体育大学,2013.

[29]刘云东,吴光辉.以学校武术助力文脉传延[J].武术研究,2018,3(08).

[30]杨啸原.论高校对外武术教学文化传导问题[J].首都体育学院学报,2013,25(01).

[31]朱广收.体育院校武术国际化课程设置现状的调查研究

［D］．上海：上海体育学院，2010．

［32］张昌来，周明进，陈蔚，吴建军，权海鹏．武当武术内容的分类特点［J］．郧阳师范高等专科学校学报，2015，35（06）．

［33］康戈武．中国武术实用大全［M］．北京：中华书局，2014．

［34］国家体育总局武术研究院．陈式太极拳［M］．北京：高等教育出版社，2009．

［35］国家体育总局武术研究院组编．长拳［M］．北京：高等教育出版社，2010．

［36］牛爱军．八段锦养生智慧［M］．北京：人民体育出版社，2018．

［37］王智慧．散打技术与实战训练［M］．北京：人民体育出版社，2012．